学校教育在对孩子习惯的养成上占有优势。垃圾分类从孩子抓起，能让孩子从小树立保护环境的意识，进而开始关注社会民生问题，有助于提升孩子的道德感和责任感。

  本书围绕垃圾分类相关知识，以教学设计的形式，分为14个主题，每个主题都包括教学内容、教学理念、教学目标、教学重点、教学难点、教学策略、教学准备、课时建议、教学过程、板书设计、参考资料，为教师提供较系统和全面的教学示范和建议。教师可以通过知识讲解、实践活动、思维导图、课后拓展等教学过程，引导学生掌握垃圾分类的正确方法，并运用到实际生活中，既丰富知识又增长见识。教师也可以把本书当作知识性的阅读资料，为实际教学提供具体的参考和补充。

本书执笔者及具体分工如下（按姓氏笔画排序）：

王静平：《主题十四　做环保志愿者》。

吴　凡：《主题一　生活垃圾的产生》。

吴航颖：《主题三　生活垃圾的类别——厨余垃圾》《主题四　生活垃圾的类别——可回收物》。

张辰臣：《主题八　生活垃圾的处置——堆肥》《主题九　生活垃圾的处置——回收》。

林晓艳：《主题二　生活垃圾的危害》。

林慧文：《主题十　生活垃圾的处置——填埋》《主题十一　生活垃圾的处置——焚烧》。

黄若绮：《主题五　生活垃圾的类别——有害垃圾》《主题六　生活垃圾的类别——其他垃圾》。

黄晓曦：《主题十二　乡村生活垃圾分类》。

谢贞虹：《主题七　生活垃圾的类别——大件垃圾》《主题十三　变废为宝》。

让我们一起参与到生活垃圾分类行动中，共同努力，为创建干净、卫生、整洁、优美的环境作出积极贡献！

编　者

垃圾分类
教师手册

LAJI FENLEI JIAOSHI SHOUCE

《垃圾分类教师手册》编委会　编

海峡出版发行集团
福建科学技术出版社

《垃圾分类教师手册》编委会

（按姓氏笔画排序）

王静平　　吴　凡　　吴航颖

张辰臣　　林晓艳　　林慧文

黄若绮　　黄晓曦　　谢贞虹

图书在版编目（CIP）数据

垃圾分类教师手册 /《垃圾分类教师手册》编委会编著. —福州：福建科学技术出版社，2020.4

ISBN 978-7-5335-6085-0

Ⅰ.①垃⋯　Ⅱ.①垃⋯　Ⅲ.①垃圾处理－中小学－教学参考资料　Ⅳ.①G633.983

中国版本图书馆CIP数据核字（2020）第023403号

书　　名	垃圾分类教师手册	
编　　者	《垃圾分类教师手册》编委会	
出版发行	福建科学技术出版社	
社　　址	福州市东水路76号（邮编350001）	
网　　址	www.fjstp.com	
经　　销	福建新华发行（集团）有限责任公司	
印　　刷	福建彩色印刷有限公司	
开　　本	787毫米×1092毫米　1/16	
印　　张	13.75	
图　　文	220	
版　　次	2020年4月第1版	
印　　次	2020年4月第1次印刷	
书　　号	ISBN 978-7-5335-6085-0	
定　　价	58.00元	

书中如有印装质量问题，可直接向本社调换

目 录
CONTENTS

主题一　　生活垃圾的产生……………………1

主题二　　生活垃圾的危害……………………15

主题三　　生活垃圾的类别——厨余垃圾……31

主题四　　生活垃圾的类别——可回收物……43

主题五　　生活垃圾的类别——有害垃圾……59

主题六　　生活垃圾的类别——其他垃圾……77

主题七　　生活垃圾的类别——大件垃圾……95

主题八　　生活垃圾的处置——堆肥…………113

主题九　　生活垃圾的处置——回收…………127

主题十　　生活垃圾的处置——填埋…………143

主题十一　生活垃圾的处置——焚烧…………157

主题十二　乡村生活垃圾分类…………………169

主题十三　变废为宝……………………………183

主题十四　做环保志愿者………………………197

主题一

生活垃圾的产生

一、教学内容

（1）了解垃圾的产生及再利用。学生以小组为单位，对生活中垃圾的产生进行调查（分发调查问卷），分类归纳总结，并思考如何减少垃圾的产生。

（2）利用各种方法宣传减少垃圾、保护环境。

（3）学生交流分享，反思总结，积累经验，写倡议书。

二、教学理念

随着城市发展和人民生活水平的不断提高，我国城市生活垃圾产生量逐年增加，环境污染问题越来越严重。但是，这并没有引起广大市民的重视，我们经常能见到有人到处乱扔垃圾，没有良好的环保意识。本教学活动旨在让学生通过学习，了解垃圾的产生，知道垃圾的处理方法，并培养学生的环保意识和参与社会生活意识。

三、教学目标

（1）明确什么是生活垃圾。

（2）明确生活垃圾的产生和来源、生活垃圾的特点。

（3）通过教学活动激发学生关心社会，树立垃圾循环利用的意识，减少一次性物品的使用，充分使现有的资源循环利用，减少垃圾的产生。培养学生调查研究的能力和实事求是的科学态度。

四、教学重点

（1）了解生活垃圾的产生和来源，以及生活垃圾的特点。

（2）探讨减少生活垃圾产生的策略。

五、教学难点

（1）学生分小组对社区垃圾的产生进行调研，在社区分发关于乱扔垃圾的调查问卷（或在物业群发电子文档），记录并就垃圾如何处理作合理建议。

（2）指导学生写倡议书，增强环保意识。

 六、教学策略

（1）课前分组在附近社区分发调查问卷。在社区调查生活中乱扔垃圾的情况，教师引导学生做好相关准备。

（2）课中进行交流分享。创设真实的学习情境，激发学习兴趣，充分展开课堂；交互活动，促进思维碰撞和争鸣，引导学生充分利用现有的资源，减少垃圾的产生。

（3）课后延伸活动，开展知识问答竞赛。写倡议书，分组进社区做小小志愿者，劝阻邻居不乱扔垃圾。

 七、教学准备

教师：课件。

学生：通过网络、社区观察、与物业沟通等方式了解社区的人口数量，以及每天社区产生的生活垃圾的重量。

 八、课时建议

本主题建议安排2—3课时。

九、教学过程

（一）新课导入

教师：同学们，看看我们教室的卫生角整洁吗？你们家里是不是也有垃圾桶？我们为什么要在教室和家里放置垃圾桶呢？

学生反馈。

教师总结：是的，每天我们都要打扫和整理自己的家，这就产生许多垃圾。大多数人还会在家里添置一些他们喜欢或需要的装饰品，旧的装饰品和家具会被丢弃，它们也将成为人们生活中的垃圾。

教师引导学生讨论：什么是垃圾？常见的垃圾有哪些？垃圾都是怎样产生的？

学生讨论后反馈。

教师：你家里有哪些垃圾？写出垃圾的具体名称以及数量。看看这些记录，你有什么想法？

教师出示资料：

据统计，2019年，中国城镇家庭平均每日产生垃圾量为1.1千克，有53%的家庭日产垃圾量超过平均水平，另有5.3%的家庭日产垃圾量在2千克以上，超过平均水平。如果我们不处理它，它将无处不在，我们就会生活在一个非常脏乱的环境中。

接下来，每组组长反馈课前教师布置的问卷调查。（问卷调查前，教师要提醒学生在调查中应注意：①衣着干净、整洁、鲜亮，戴红领巾，精神面貌好。②小组协作完成调查。③善于发现，对生活垃圾种类和数量有感想。④小组讨论，寻找生活中减少垃圾的方法。）

学生环保问卷调查

您好，我们是＿＿＿＿＿＿的学生，我们正在进行一项关于垃圾的产生的问卷调查，能耽误您几分钟时间帮忙填答这份问卷吗？本问卷实行匿名制，所有数据只用于统计分析，请您放心填写。题目选项无对错之分，请您按自己的实际情况填写就可以，谢谢您的配合。

1. 您的性别？

    A. 男　　　　　　B. 女

2. 您的年龄？

    A. 10—18　　　B. 19—35　　　C. 36—55　　　D. 56—75

3. 您认为环境保护重要吗？

    A. 重要　　　　　B. 不重要　　　　C. 无所谓

4. 您平时处理垃圾的方式？（单选）

    A. 整袋处理　　　B. 按可回收与不可回收大致分类

    C. 精细分类后丢弃　D. 其他

5. 您的生活垃圾主要源于下列哪种物品？（多选）

    A. 纸张　　　　　B. 饮料瓶　　　　C. 塑料袋　　　　D. 快递包装

    E. 一次性饭盒　　F. 餐厨垃圾　　　G. 废旧电池　　　H. 其他

6. 您本子上写错了会怎么办？（单选）

    A. 撕掉　　　　　B. 划掉继续　　　C. 其他

7. 您出门是带自己的水杯还是买水喝？（单选）

    A. 带自己的水杯　B. 买水喝

8. 您去购物会自带购物袋吗？（单选）

    A. 会　　　　　　B. 不会

9. 您平时经常怎样吃饭？（单选）

  A. 在食堂吃 B. 打包回家 C. 叫外卖 D. 自己做 E. 其他

10. 您会带走在图书馆等公共场所自己产生的垃圾吗？

  A. 会   B. 不会   C. 偶尔会

11. 您会在图书馆、教室、餐厅等场所乱扔垃圾吗？

  A. 会   B. 不会   C. 偶尔会

12. 购物时，您会自带购物袋吗？

  A. 会   B. 不会   C. 偶尔会

13. 您平均每周大约会使用多少个塑料袋？

  A. 0—5 B. 6—10 C. 10—15 D. 20个以上

14. 您使用一次性制品（纸杯、筷子、快餐盒等）吗？

  A. 经常用 B. 不用 C. 偶尔

对于你所提供的协助，我们表示诚挚的感谢！

（二）主题探究

1. 什么是生活垃圾

  教师：通过刚才的讨论，同学们对城市生活垃圾有了一定的了解和认识。那接下来我们来看看生活垃圾的定义。城市生活垃圾是指在城市日常生活中或者为城市日常生活提供服务的活动中产生的固体废物以及法律、行政法规规定视为城市生活垃圾的固体废物，主要包括居民生活垃圾、商业垃圾、集贸市场垃圾、街道垃圾、公共场所垃圾、机关、学校、厂矿等单位的垃圾（工业废渣及特种垃圾等危险固体废物除外）。随着城市发展和人民生活水平的不断提高，我国城市生活垃圾产生量逐年增加，其引起的环境污染问题越来越严重。

2. 生活垃圾的特点

教师：学习了生活垃圾的定义，同学们能否再来谈谈垃圾有什么特点呢？

学生讨论后反馈。

教师总结：第一，成分复杂。我国垃圾收集目前大多数城市都采用混合收集的方式，而没有分类收集，因而各类垃圾混杂在一起，成分复杂。第二，含水率高。垃圾中含有大量蔬果皮，因而含水率 30%—50%。第三，无机物质含量高，有机物质含量少。垃圾中的砂石、金属、玻璃等无机物含量很高。有机物中的厨房废物垃圾较多，含水率高。

3. 生活垃圾的来源

教师：接下来请大家来探讨，生活垃圾都是从哪里来的呢？如果这些垃圾不治理，我们的社会将变成什么样呢？

学生反馈。

教师：爸爸妈妈去商场购物，大多是用塑料袋装商品。毫无疑问，塑料袋是一种垃圾，它只能使用一次，然后丢弃。然而，这种塑料袋是很难溶解的，扔进泥土里，不能溶解，就只能永远埋在那里了。

教师进一步介绍：家中的旧家具、旧衣服、旧书籍、旧玩具，以及厨房垃圾，所有这些不要的东西，都是垃圾的来源。人的一生，总是离不开吃，除了一日三餐，

还有一些小吃。仔细想想，它们都是垃圾的来源。在公共场所，人们把塑料盒子、塑料袋、竹签和其他食物扔在地上，不仅影响了公共环境，还招来了很多苍蝇。这些苍蝇很可能携带了一些病毒，损害人类的健康。如果我们不处理这些问题，将严重影响正常生活。

4. 研究减少垃圾的对策

教师：接下来，让我们一起来讨论如何减少生活垃圾。在我们的生活中，我们不想要的东西被扔掉了，这就形成了垃圾。有统计数据显示，全国600多座大中城市中，有2/3陷入垃圾的包围之中，且有1/4的城市已没有合适场所堆放垃圾。统计数据显示，全国城市垃圾历年堆放总量高达70亿吨，而且产生量每年以约8.98%速度递增。

教师：随着生活水平的提高，工业产品给人们带来了方便，但也产生了大量的垃圾。在过去的几十年里，垃圾爆炸式增长。大量塑料制品需要数百年才能降解，对海洋生物和人类的健康构成威胁。因此，我们应该积极实践垃圾分类，促进回收，养成节约的习惯。那么我们应如何减少产生家居废物呢？

教师先举例：

（1）水的多次利用。水是生命之源，是我们最应该节约的资源。生活中产生的污水不应轻易倒出，而应重复利用，以减少垃圾的产生。例如，淘米水可以浇花，洗碗水可以冲马桶。

（2）纸张的多次使用。纸来自树木。浪费纸张等于砍伐森林，所以不要把纸扔掉。被撕掉的纸在作业本上写错了也可以用来做草稿；打印过的纸可以翻过来继续打印或书写一些非正式的东西。这是真正地节约纸张，虽然不能用来写作业，但它可以用来装一些垃圾，比如果皮等。

（3）旧衣服和布料多次利用。旧衣服可以捐赠，但不要轻易扔掉。一些舒适的外套，如棉裙和T恤，是家居服装的好选择。不再适合穿的衣服可以作为抹布，

让它发挥最后的作用。

（4）使用可充电的电池。有些电子设备需要使用电池，我们尽量选择那些可以充电的。否则，将产生电池的浪费。如果一个小的干电池没有经过特殊的回收处理就被丢弃，会对土壤和水源造成不可逆转的危害。

（5）少使用一次性物品。同学们出去郊游野餐，记得不要使用一次性筷子。据统计，全世界每年需要砍伐 2000 万棵树来制作一次性筷子和木制牙签，其中大部分用过一次就被丢弃。我们可以带自己的筷子和其他餐具，如布餐巾、水杯等。最好自己带健康的食物。

（6）使用自动铅笔。传统的铅笔是木质材料制成的，在使用过程中需要不断切割，从而产生生活垃圾和废木。使用自动铅笔是明智的。在使用过程中，只需要更换笔芯，不会造成浪费，既环保又方便。

学生讨论、发言。

（三）总结评价

1. 活动一：查找资料

教师：我们还可以从哪些方面减少垃圾的产生呢？查找相关资料，各小组分头学起来、动起来吧！

学生讨论后反馈。

教师总结：

（1）点外卖的时候，不要用那些最终会被扔进垃圾桶的东西，包括塑料餐具、吸管、餐巾、手提袋和小包调味品。上述物品，家里有的尽量使用家里的或者自己带，同时记得提醒外卖餐厅不要放这些物品。

（2）我们在餐馆吃饭时，拿餐巾纸，只拿一两张，不要拿厚厚的一沓。

（3）集会、展览或节日活动的小册子、宣传材料和小物件看起来很吸引人，但如果你不需要就不要拿。这些东西被带回家后可能就直接躺在角落里，最后被扔进垃圾桶。

（4）在超市购物时尽量不要使用塑料袋，记得带上环保购物袋。因为塑料很不容易腐烂，非常容易造成白色污染。在面包店买新鲜的面包时，可以用专门的牛皮纸袋子里带回家。尽量不要购买塑料包装的面包。

（5）不要购买单独小包装的商品，而购买包装最少的大件产品，与小商品相比，一个大盒子、一个大袋子或一瓶大的商品产生的废物要少得多，价格也更实惠。同样的商品有散装的可以购买散装的，既减少了垃圾的产生，又节省了钱。

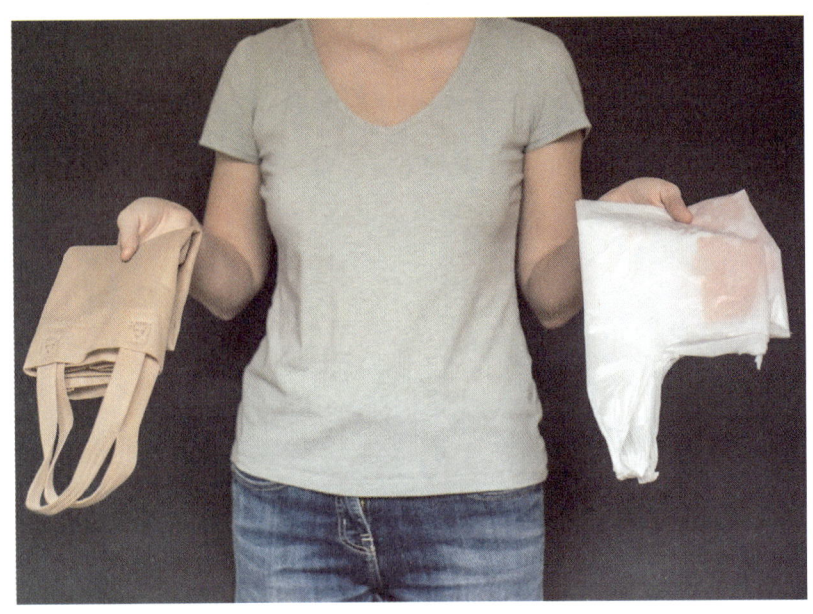

（6）许多家居用品都可以自己制作，如肥皂、洗洁精、护手霜等，并反复装在容器中。这些没有化学添加剂的产品可能比购买的更健康。

（7）选择非塑料的包装储存食物。不要用塑料袋、保鲜袋等装食物，因为塑料中的毒素可能会渗入食物。最好把食物储存在环保容器内，如玻璃器皿、可重复使用的硅胶袋、不锈钢饭盒等。

（8）慢慢减少家用纸制品。在垃圾填埋场，废纸占垃圾总量的1/4，腐烂时会产生大量的甲烷气体。因此，我们应该尽量减少使用纸制品，带上可循环使用的手帕和毛巾等。很多的图书只会看一遍，那就可以从图书馆借阅。

（9）不要轻易扔掉你不需要的东西，比如坏了的收音机、旧的手机、不穿的衣服等。你可以在跳蚤市场卖掉或者捐赠给二手商店或非营利组织，然后把它们转给世界各地需要它们的人。

（10）能够修复的东西尽量修复它。现在生活条件比以前好了很多，但我们还是应该提倡节约，不要随意丢弃一些破旧的物品。有小毛病的闹钟、电脑、吸尘器等，我们可以学着自己修理，修复一件物品也是一件非常有成就感的事情。

（11）减少假期产生的废物。节假日期间垃圾会激增，大多是购物袋、商品包装袋和剩菜剩饭等。我们要特别注意这个时候更不能浪费。遇到节日，我们可以互相发电子贺卡，或者邀请朋友去看电影或爬山，既有利于健康，又不产生垃圾。

2. 活动二：收集图片

教师呈现各种垃圾图片，如香蕉皮、菜渣、龙眼壳、纸巾、废电池、烟头、废玻璃、非金属、废包装袋、旧衣服等，让学生尝试垃圾分类，并就垃圾如何处理作出建议，为之后的垃圾具体分类课程作铺垫。

教师：同学们，我们在学习了垃圾的产生后，知道了垃圾有各种各样的。如果这些垃圾都堆在一起，会严重污染环境。那就让我们一起来尝试给垃圾分分类吧。

教师：我们可以在小区看到几个垃圾桶？

学生反馈。

教师：是的，我们通常把垃圾分为厨余垃圾、可回收垃圾、有害垃圾、其他垃圾和大件垃圾五大类。其中大件垃圾由专人来治理，所以不是每个地方都会放置装大件垃圾的垃圾桶。我们将在后面的课程中学习到具体的垃圾分类和处置。

■■（四）课后拓展

学生在老师的指导下，分小组到校园周边或自己生活的社区，调查小区垃圾分类的现状，观察垃圾车如何收垃圾，劝导居民不乱扔垃圾。老师引导学生用实际行动为建设良好的社区环境做出贡献。

垃圾分类教师手册

十、板书设计

生活垃圾的产生

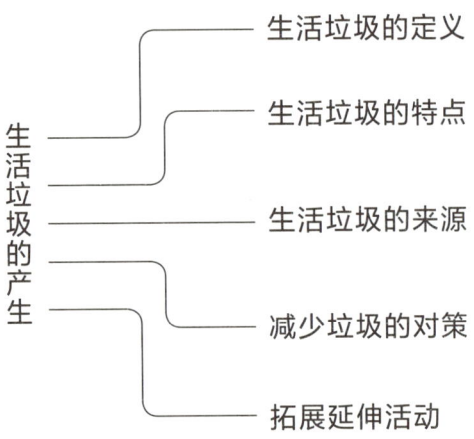

十一、参考资料

[1] 汪玉林,《垃圾发电技术及工程实例》,化学工业出版社,2003年8月第1版,第3页．

[2]《垃圾围城》,百度百科,https://baike.baidu.com/item/%E5%9E%83%E5%9C%BE%E5%9B%B4%E5%9F%8E/266590?fr=aladdin.

[3]《垃圾是怎样产生的》,百度知道,https://zhidao.baidu.com/question/1430124729438731019.html.

[4]《怎样减少垃圾产生》,百度经验,https://jingyan.baidu.com/article/ed2a5d1f78729809f6be1785.html.

[5]《16个方法减少垃圾产生》,人民健康网,http://health.people.com.cn/n1/2019/0311/c14739-30968249.html.

[6]《怎样减少垃圾产生》,https://www.360kuai.com/pc/9dd40d54c2e2265e3?cota=4&tj_url=xz&sign=360_57c3bbd1&refer_scene=so_1.

主题二 生活垃圾的危害

一、教学内容

（1）向学生普及生活中常见垃圾分解所需的时间。

（2）介绍垃圾所造成的危害：①大量垃圾的堆放存在火灾隐患。②大量垃圾挥发后的气体对空气质量的影响及对人体的危害。③生活垃圾对土壤和水体造成的污染。④随意丢弃的垃圾给海洋及海洋生物带来的危害。⑤城市生活垃圾侵占大面积土地。

（3）教授思维导图，总结垃圾的危害。

 二、教学理念

习近平主席曾经提出："让更多人行动起来，培养垃圾分类的好习惯。全社会人人动手，一起来为改善生活环境做努力，一起来为绿色发展、可持续发展做贡献。"推行一项行动，重要的是让更多人认识行动背后的根本原因，只有触动心灵，方可驱动执行力。本主题承接上一个主题"生活垃圾的产生"，旨在通过多角度呈现垃圾在生活周边所带来的危害，调动学生的内驱力，引导学生进一步探究垃圾的危害，培养学生收集资料，激发学生对垃圾的厌恶感，增强学生对垃圾分类及垃圾处理的紧迫感。希望学生们通过本课的学习，在社会群体中传播垃圾危害的相关常识，唤醒人们合理处理垃圾的意识。

 三、教学目标

（1）让学生了解各种垃圾分解所需的时长。

（2）多角度学习垃圾的危害，为推广垃圾分类做充分的铺垫，唤醒学生的环保意识。

（3）引导学生树立爱护环境、保护环境的意识，并将垃圾分类付诸行动。

 四、教学重点

通过图文呈现学习垃圾的危害。培养学生正确的价值观，让学生意识到垃圾的危害，进而保护环境、爱护动物、保护地球。

 五、教学难点

（1）垃圾成分中的化学名称对于小学生来说较抽象。

（2）学生所接触的关于垃圾危害的资源很有限，对垃圾在生活环境的产生危害能引起共鸣，但像垃圾给海洋造成的危害只能通过图片和数据的引导做初步了解。

 六、教学策略

（1）课前先请学生通过实地观察或多媒体平台了解垃圾的危害，并收集资料。

你所了解的垃圾的危害	
1	
2	
3	
4	
5	

（2）课中交流分享自己的所见所闻，如新闻文字、图片、数据等。

（3）课后总结课堂学习记录，制作思维导图。

七、教学准备

教师：课件、新闻、常见垃圾（易拉罐、烟头、纸杯、香蕉皮、报纸、牛奶盒、塑料袋、塑料瓶、玻璃瓶、口香糖）。

学生：事先通过实地观察或多媒体查找有关"垃圾的危害"的知识。

八、课时建议

本主题建议安排3课时。

九、教学过程

（一）新课导入

1. 教师展示常见的生活垃圾

教师：同学们，你们来认一认，这是我们生活中哪些常见的垃圾？有易拉罐、烟头、纸杯、香蕉皮、报纸、牛奶盒、塑料袋、塑料瓶、玻璃瓶、口香糖。同学们，我们如果随意把他们丢去在街道、公园或者废墟中，你知道会产生什么危害吗？老师今天带大家学一学垃圾的危害。

2. 提出疑问

教师：同学们，你知道我们生活中常见的垃圾，它们在土壤里分解的时间都有多长吗？下面，我们来看一组数据。

垃圾名称	分解时间
香蕉皮	2—5 周
报纸	6 周
牛奶盒	3 个月
烟头	1—5 年
塑料袋	10—20 年
铝制易拉罐	200 年
塑料瓶	450 年
玻璃瓶	100 万年（不会完全分解）
口香糖	未知

3. 学生谈谈看完数据的感想

教师：同学们，这些丢弃的公共场所或废墟中的垃圾中，有些垃圾的分解时间比我们的生命还长，我们能不能随意地丢弃在公园的草丛里或是废墟中？

学生反馈：不能随意丢垃圾。

教师：我们不仅不能随意丢弃垃圾，还要进行垃圾分类。那么，随意丢弃垃圾或者不进行合理地垃圾分类会有什么危害呢？

(二) 主题探究

教师：大家在上课前都认真查询了资料，谁来说一说，你所了解到的垃圾的危害有哪些？

学生讨论后反馈：垃圾会污染环境，垃圾堆放会影响人类健康，随意丢弃垃圾会给海洋或海洋生物带来危害。

教师：很好，这些同学在课前针对垃圾的危害做了详细的了解。

教师出示图片。

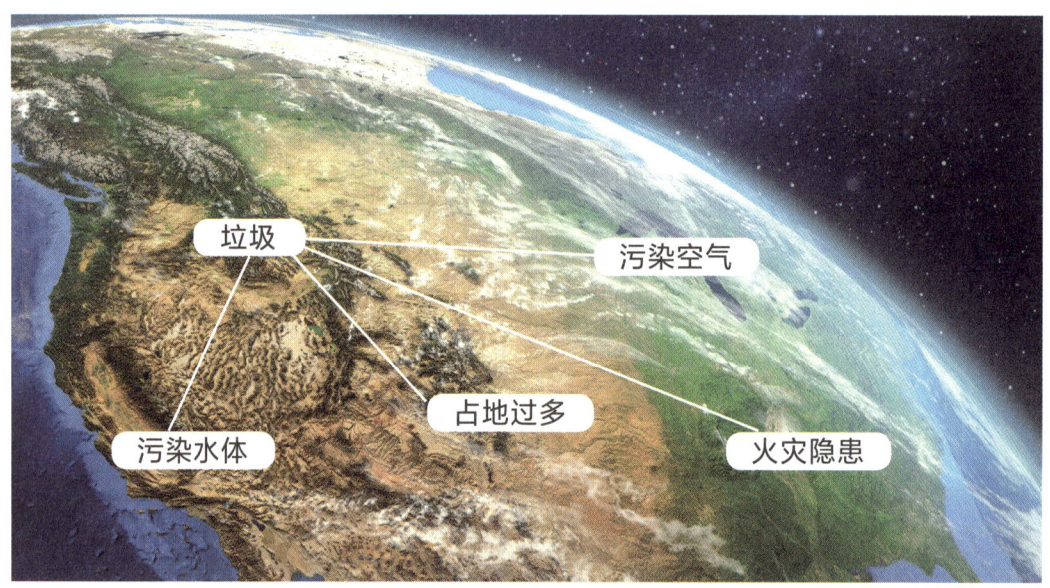

教师：我们从图中可以知道，垃圾对占地面积、大气、水体及我们人类的健康都有着不同程度的危害。今天我们一起来学习"生活垃圾的危害"。

1. 危害一：大量垃圾堆放存在火灾隐患

通过几则因垃圾堆放引起的火灾案例，引导学生正视堆放垃圾产生的安全隐患，提高学生的隐患意识。

教师：同学们，现在我们一起来读两则新闻。

新闻一：据《三峡晚报》报道，2月7日下午，宜都红花套镇窑坡垴村4组一露天垃圾堆燃起大火，危及10米外的加气站，20多名消防官兵赶到及时扑灭大火。

新闻二：据华龙网4月14日报道，"4·13"火灾事故系千珑物流有限公司露天堆放的镁、铝合金遇水燃烧引发火灾，堆场过火面积约30平方米，直接财产损失10余万元。

教师：同学们，读完这两则新闻，你有什么感想？你认为大量堆放垃圾会有怎样的安全隐患？

学生讨论后反馈。

教师：雷击后引发火灾，物质间产生化学反应引发火灾。新闻背后是一个个血的教训。垃圾在天然堆放过程中会产生甲烷等可燃气体，遇明火（排除人为，如烟头、雷击、电焊等）易引起火灾，也可能自燃。垃圾火灾或垃圾爆炸事故频频发生，造成重大损失。

2. 危害二：大量垃圾挥发后的气体对空气质量的影响和对人体的危害

调动学生的视觉感、嗅觉感，谈一谈他们对垃圾堆的感受。引导学生对"身处空气清新的校园是幸福的"产生共鸣，倡导全体学生热爱学校，保护环境。

教师：同学们，当你们经过垃圾堆时，你们有什么感受？

学生反馈：恶臭难耐、污水、苍蝇满天飞、老鼠四窜。

教师出示图片进行总结。

教师：看来大家对"垃圾堆"是深恶痛绝了。你们知道吗？生活垃圾长时间堆放，会引起垃圾的腐烂和霉变，产生了很多致病的微生物。而且，垃圾中不同成分相互作用，产生了化学反应，向大气中释放出大量的有害气体（如氨气、硫化物等），仅有机挥发性气体就多达100多种，严重影响了空气质量，其中大部分还有致癌物。这些有害气体通过人体呼吸道吸入体内，轻则引发各种呼吸道疾病，重则对人体构成癌变隐患。

教师：同学们，你们对我们学校的垃圾堆放区的设置有什么好建议吗？来谈一谈吧。

学生讨论后反馈：垃圾分类投放，少产生垃圾，教室的垃圾桶只放置可回收垃圾。

教师：同学们都说得很好，对！如果大家能节约用纸，减少垃圾的产生或不产生垃圾，我们的校园一定会变得更加美丽。

3. 危害三：生活垃圾对土壤和水体造成的污染

教师准备一些材料做实验，用体验式的教学方式，让学生感知垃圾对土壤的危害。

教师：同学们，老师今天带来一些材料，我们展开一次"眼见为实"的活动，让我们亲眼见证垃圾对土壤有什么危害。

实验准备：塑料袋，塑料快餐盒，A、B两盆土壤（玻璃盆）。

实验一：将塑料袋、塑料快餐盒掩埋在A盆土壤里，盖好土后往两盆土壤里浇透水，静待一些时间。

教师：同学们，你们来猜猜，哪一盆土壤的湿度更好？

学生反馈：B盆。

教师：让我们翻开A盆土看一看。塑料表面布满水珠，而塑料下的泥土却没湿。这表明塑料垃圾的隔水性能好，水分和肥料极难到达农作物根部。

教师：让我们再来看下面两张图。

下图是被污染后的土壤，寸草不生。

下图是被污染的水体，浑浊不堪。

教师：这是因为城市生活垃圾和其他固体废物长期露天堆放，有害成分在地表径流和雨水的淋溶、渗透作用下，通过土壤孔隙向四周和纵深的土壤迁移。在迁移过程中，有害成分要经受土壤的吸附和其他作用。由于土壤的吸附能力很强，吸附容量很大，随着渗滤水的迁移，有害成分在土壤中呈现不同程度的积累，导致土壤成分和结构的改变，使土壤肥力丧失、表面结块、农作物减产或绝产。堆放腐败过程中也会产生大量的酸性、碱性有机污染物，并会溶出垃圾中含有的重金属，包括汞、铅、镉等，形成有机物、重金属和病原微生物融合的污染源。随意堆放的垃圾，其所含水分和淋入垃圾中的雨水产生的渗滤液会流入周围地表水体，造成水体黑臭等污染。

4. 危害四：随意丢弃的垃圾给海洋及海洋生物带来的危害

以学生喜爱的海洋动物为切入口，谈谈自己喜欢的海洋动物。通过图片展示海洋动物被塑料袋缠绕而不得动弹的画面，或是食用过多的塑料袋而撑死的画面，激起学生的同情心，引导学生明白保护环境就是保护我们心目中可爱的海洋动物。

教师：同学们，你们去过海洋公园吗？最喜欢哪种海洋动物？

学生反馈：大海龟、海狮、海豹。

教师：你为什么喜欢海龟？

学生反馈：因为它看上去笨笨的、憨憨的，没有攻击性。

教师：为什么喜欢海狮？

学生反馈：在海洋公园看过海狮表演，海狮很聪明，它会表演顶球，还会跟我们打招呼，我还跟它拍过照呢！

教师：可是，你们知道吗？这些可爱的海洋生物正面临着生存危机。下面来看一则真实的故事。

在海滩上，人们正沉浸在夏日阳光沐浴的欢乐中，突然发现一只大海龟拖着它那笨拙的身躯，慢慢地从海中游上岸，可是，它爬上沙滩不久就死了。围观的人们发现海龟的肚子非常大，于是有人断定，它是被撑死的。专业人士把这只大海龟解剖，发现它的肚子里有非常多塑料袋和其他垃圾，多到已经无法消化也无法排泄的程度。在海洋中把塑料袋当做食物的不仅有海龟，还有鲸，人们从鲸的肚子里也发现了许多塑料制品。

教师：同学们，说一说这个故事给了你什么启示？

学生反馈：白色垃圾的泛滥对海洋生物的生命产生了巨大威胁。我们要保护环境、保护动物。

教师：是的，同学们说得很好。动物们无法识别海洋生物与塑料袋，当它们在大海中畅游时，有些垃圾缠住了它们的身体，让它们无法正常生长。当它们捕食时，常常会把垃圾当成食物，而白色垃圾无法从动物体内代谢，给它们的肠胃造成了负担，严重威胁了它们的生命。据统计，在北大西洋，有30%的鱼类在其生命周期内，都会食入大量的塑料垃圾。受海洋污染影响的海洋生物种类十分广泛，例如鱼类、鲸类、乌龟等。以下是摄影师不辞辛苦在水下拍到的画面。

教师出示图片。

教师：法国科学家的研究表明，每年大约有1500万海洋生物因塑料垃圾而死亡，而且近年来有不断恶化之势。所以，我们应该告诫自己身边的家人朋友，不要随意将垃圾丢弃在海洋中。

5.危害五：城市生活垃圾侵占大面积土地

通过呈现大量垃圾堆放的图片，给学生以视觉冲击力，扩大学生视野。引导学生自主意识到垃圾已经侵占了地球上大量的生活空间，不乱丢垃圾及合理垃圾分类势在必行。

教师：同学们，请看这些图，它们呈现了平时不容易见到的却真实存在的现象。你们可以用成语来形容看过这些图片的感受吗？

主题二 生活垃圾的危害

学生反馈：触目惊心……

教师：是的，垃圾的大量堆放已经侵占大面积土地，据初步调查，2003年全国668座城市已有2/3被垃圾包围，我国每年产生的生活垃圾约1.5亿吨，而且每年以6%—7%的速度增长。虽然许多城市在郊区设置了许多垃圾堆放区，但是97%的垃圾只能露天堆放，垃圾堆放区占用的大量的土地资源，不同类型的垃圾同时分解，渗入土壤的物质会严重影响堆放地的生态平衡。随着垃圾量的不断增长，垃圾的特殊留用地将越来越难找，大量垃圾将无处藏身，中国城市正在面临"垃圾围城"的困境。我们再来看一个例子。每年都有7万—10万人涌向珠穆朗玛峰大本营，然而他们离开时留下了数不清的垃圾。在海拔如此高的珠峰清理垃圾绝非易事。无奈之下，2018年12月，我国禁止任何单位和个人进入珠峰保护区绒布寺以上区域。大量的垃圾正在使这座世界之巅丧失美丽。地球已经被越来越多的垃圾侵占，我们的生活空间将越来越少，所以善待地球就是善待自己。

■■（三）总结评价

教师：同学们，地球是我们赖以生存的家园，地球母亲背不动这么大量的垃圾了，作为新时代的少先队员，我们应该做些什么来保护我们的地球呢？

学生讨论后反馈：实施垃圾分类，让垃圾可以得到合理的处理；不乱丢垃圾；提醒自己的家人做好垃圾分类。

■■（四）课后拓展

（1）制作一份思维导图，总结垃圾的危害。

示例：

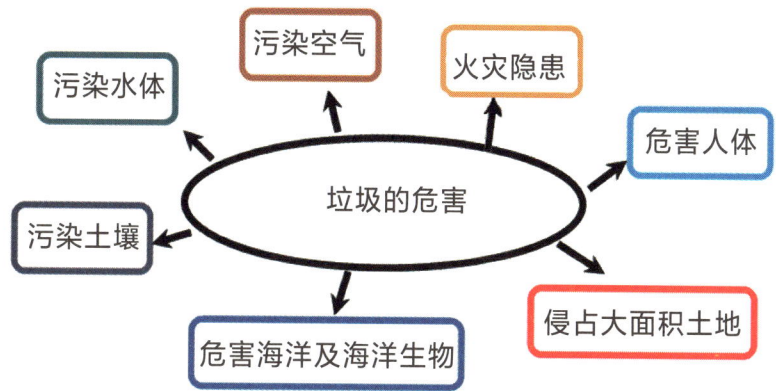

（2）写一份倡议书，呼吁你身边的人保护环境、爱护动物、拯救地球。

十、板书设计

生活垃圾的危害

①大量垃圾的堆放存在火灾隐患。

②大量垃圾产生的气体对空气质量的影响和对人体的危害。

③生活垃圾对土壤和水体造成的污染。

④随意丢弃的垃圾给海洋及海洋生物带来的危害。

⑤城市生活垃圾侵占大面积土地。

十一、参考资料

[1]《垃圾》，百度百科，https://baike.baidu.com/item/%E5%9E%83%E5%9C%BE/53497#7。

[2]《地球上到底有多少垃圾？看完你就知道了！》http://dy.163.com/v2/article/detail/ECKIB96M0525BQH1.html。

[3]《关于垃圾的危害，你知道多少？》，今日高邮，https://www.sohu.com/a/244471810_697375.

[4] 中国环境网，https://www.cenews.com.cn.

[5]《＜白色垃圾知多少＞活动设计》，搜狗问问，https://wenwen.sogou.com/z/q231783920.htm.

[6]《生活垃圾对地表水以及地下水有什么影响？》，莆田环境，http://www.sohu.com/a/241951484_100218212.

[7]《白色垃圾对动物有哪危害？》，百度知道，https://zhidao.baidu.com/question/502818714311850004.html?fr=iks&word=%C0%AC%BB%F8%B6%D4%BA%A3%D1%F3%C9%FA%CE%EF%B5%C4%CE%A3%BA%A6&ie=gbk.

[8]《海洋塑料垃圾每年会造成多少海洋生物死亡？》，百度知道，https://zhidao.baidu.com/question/1963462585332377700.html.

[9]《垃圾分类小学生读本》编委会，《垃圾分类小学生读本》，鹭江出版社、济南出版社，2019年8月.

[10] 赵飞虎，《城市垃圾造成的危害及其处理对策的探讨》，载于《科学之友》2009年第33期.

[11] 郭兆凯，载于《测定垃圾渗滤液中重金属前处理方法的研究》，《苏州科技学院》2009年.

[12]《触目惊心 海洋塑料垃圾每年造成1500万海洋生物死亡》，http://blog.sciencenet.cn/blog-681284-893048.html.

[13] 垃圾分解时间数据，新浪微博，https://weibo.com/tv/v/GAwkbnoGu.

[14]《耿洪臣：城市生活垃圾处理利用都可发展为新产业》，人民网，http://npc.people.com.cn/n/2014/0311/c376899-24599333.html.

[15]《生活垃圾堆填区周边土壤的性状变化及其污染状况》，环卫科技网，http://www.cn-hw.net/html/26/200808/7405.html.

主题三

生活垃圾的类别——厨余垃圾

一、教学内容

（1）围绕厨余垃圾展开教学。

（2）先让学生回顾垃圾的危害，了解垃圾分类的必要性，懂得垃圾分为五大种类，分别是厨余垃圾、可回收物、有害垃圾、其他垃圾和大件垃圾。而后聚焦"厨余垃圾"开展活动。

（3）引导学生明白厨余垃圾也是宝。厨余垃圾经过处理后可以作为生活堆肥，还可以进行沼气发电。节约资源，杜绝食物浪费从源头抓起，"光盘行动"人人参与。

（4）该主题的活动也延伸到了课外，通过家庭厨余垃圾小调查的方式，让学生对身边的厨余垃圾有更加深入的了解。"超级变变变"活动鼓励学生动手加入厨余垃圾回收再利用的行列中，真正意识到：垃圾是放错位置的资源。

 二、教学理念

提起厨余垃圾，学生对其既陌生又熟悉。孩子们平时能近距离接触到的厨余垃圾多数是在家庭中。孩子是一个家庭中最重要的环保带头人和垃圾分类小使者。学校组织学生们开展各种垃圾分类的活动，让孩子们了解什么是厨余垃圾、如何正确投放厨余垃圾，鼓励学生积极加入到"光盘行动"中，让垃圾分类成为孩子们生活中习以为常的好习惯。如果每个孩子都能带动各自家庭积极参与到垃圾分类的队伍中，那么全国成千上万的家庭都将为环保事业做出一份力所能及的贡献。

三、教学目标

（1）了解什么是厨余垃圾。能准确分辨厨余垃圾。

（2）认识收集厨余垃圾的垃圾桶外观，学会正确投放厨余垃圾。

（3）积极加入到"光盘行动"中，用实际行动为环保做贡献。

四、教学重点

（1）了解什么是厨余垃圾。

（2）能准确分辨厨余垃圾。

（3）学会正确投放厨余垃圾。

五、教学难点

（1）了解什么是厨余垃圾。

（2）投放厨余垃圾的注意事项。

六、教学策略

该主题活动打破传统课堂上教师讲授、学生倾听的灌输式的活动模式，通过"一站到底""争分夺秒"等学生喜闻乐见的游戏形式，以及"头脑风暴"、小组合作探究的模式，让学生真正成为活动的小主人，积极参与其中，在体验中收获新知。

七、教学准备

教师：多媒体课件。

学生：课前全班分成5个小组。

八、课时建议

本主题建议安排2课时。

九、教学过程

（一）新课导入

1. 垃圾分类好处多

教师：同学们，你知道为什么要给垃圾分类吗？垃圾分类有哪些好处呢？

学生讨论后反馈。

教师小结：垃圾占地过多，使空气和水体都受到不同程度的污染，垃圾中的大量微生物是病毒和病菌的滋生繁殖地，很容易传播疾病，甚至还容易引发火灾。但不是所有的垃圾都是无用的，垃圾是放错位置的资源，我们要积极行动起来为垃圾进行分类收集和投放。有关部门还会对垃圾进行分类运输和处置，从而使垃圾变成新的资源供我们使用。

2. 垃圾分类有讲究

教师：同学们，我们知道垃圾分类好处特别多，那具体该如何为不同的垃圾进行分类呢？

学生讨论后反馈。

教师：是啊，生活中我们一般将垃圾分为五个类别，它们分别是厨余垃圾、可回收物、有害垃圾、其他垃圾和大件垃圾。

（二）主题探究

1. 我是大胃王（说说自己最喜欢的食物）

教师：人类离不开食物，食物让我们不挨饿，帮助我们小学生更好地投入学习和生活中。同学们，我们平时除了在家里和家人一起吃饭，有时也会跟着爸爸妈妈外出就餐。请你好好回忆,你都到过哪些地方吃饭呢?你最喜欢的食物是什么?

学生讨论后反馈。

2. 认识厨余垃圾

教师:同学们,生活中我们会产生很多垃圾。你知道在家里产生最多的是哪一类垃圾吗?

学生反馈:厨余垃圾。

教师引导学生思考:厨余垃圾只是指厨房产生的垃圾吗?

学生思考后反馈。

教师小结:厨余垃圾指的是居民日常家庭生活和农贸市场、农产品批发市场产生的有机易腐垃圾。厨余垃圾也可以称为湿垃圾。厨余垃圾桶不仅收集我们家庭里的厨余垃圾,农贸市场、农产品批发市场等产生的有机易腐垃圾都可以投放到厨余

垃圾桶里。

3. 了解厨余垃圾

（1）游戏。

教师：下面让我们一起来玩两个有趣的游戏吧。

游戏一：一站到底。

游戏规则：全班同学起立，多媒体将出示各种不同种类的垃圾，属于厨余垃圾的请说"对"，不属于厨余垃圾的请说"错"。凡是判断错误的同学就坐下，看哪些同学能全部判断正确，站到最后的同学获胜。

多媒体出示：

1. 布料（错）	2. 玻璃杯（错）	3. 芹菜叶（对）
4. 剩菜（对）	5. 中药渣（对）	6. 落叶（错）
7. 旧沙发（错）	8. 纸巾（错）	9. 矿泉水瓶（错）
10. 过期巧克力（对）	11. 油漆桶（错）	12. 果皮（对）
13. 皮球（错）	14. 发霉饼干（对）	15. 酱油瓶（错）
16. 牛奶盒（错）	17. 烂水果（对）	18. 旧报纸（错）
19. 面包渣（对）	20. 电池（错）	

学生参与游戏。

游戏二：争分夺秒。

游戏规则：五个小组，对应以下五个类型的厨余垃圾，比一比哪个小组在2分钟内说出对应种类的厨余垃圾数量多，哪个小组就获胜。

厨余垃圾				
餐桌厨余垃圾	蔬果类	动物类	水产海鲜类	过期变质食品

学生以小组的形式参与游戏，教师计时。

教师小结：我们的家庭每天都会产生很多厨余垃圾。厨余垃圾的种类也比较多，我们要牢牢记住它们。

（2）加深了解。

下面我们通过一张比较详细的图表加深对厨余垃圾的了解。

分　类	性质类别	物品名
厨余（湿）垃圾 居民日常家庭生活和农贸市场、农产品批发市场产生的有机易腐垃圾	餐桌厨余垃圾类	剩米饭、剩面食、剩菜
	蔬果类	蔬菜茎叶、茶叶渣、瓜果皮、果壳、瓜子壳、坚果壳、甘蔗渣、果核、烂水果、中药渣、橙皮、葱、番茄酱、西瓜皮、马铃薯、甘蔗、草莓、西红柿、梨、香蕉皮、辣椒、茄子、豌豆皮、苹果
	动物类	细碎骨头、鸡鸭内脏、猪牛羊下水、鱼类内脏、蛋壳、猪血等血制品、腐肉
	水产海鲜类	螃蟹壳、虾壳、死虾烂蟹、鱼鳞、鱼骨
	过期变质食品	过期零食、发霉糕点饼干、巧克力

（3）厨余垃圾的小秘密。

教师：同学们，你们知道吗？厨余垃圾身上还有不少小秘密呢，你瞧——（多媒体出示）

秘密1：开败的花朵和残枝落叶也属于厨余垃圾。

秘密2：榴莲核、玉米芯、核桃壳、大骨棒等难以腐化，所以不属于厨余垃圾，它们属于"其他垃圾"。

教师：你还知道哪些有关厨余垃圾的小秘密吗？

学生讨论后反馈。

4. 认识厨余垃圾桶

教师：同学们，当家庭中产生厨余垃圾时，我们该把它们往什么颜色的垃圾桶里投放呢？

多媒体出示以下垃圾桶。

学生反馈。

教师：老师发现同学们都有一双火眼金睛，不约而同地选择了绿色垃圾桶。正如大家所选，投放厨余垃圾的垃圾桶为绿色，桶上有厨余垃圾的标志。你们瞧，它长这样。

教师出示厨余垃圾桶图片。

活动：头脑风暴。

教师：根据垃圾桶的颜色和投放垃圾的类别，让我们为厨余垃圾桶取个小名，这样我们就能很快记住它。比如：绿厨厨、绿小厨……

学生讨论后反馈。

5. 了解投放厨余垃圾注意事项

教师讲故事或出示资料：

晚上，妈妈为陈小东煮完晚饭后就去单位加班了。陈小东同学回到家，发现今晚妈妈准备的晚饭可真丰盛呀，不仅有他最爱吃的鸡腿，还有他爱喝的牛肉汤。吃完晚饭，陈小东想到妈妈加班很辛苦，于是就主动收拾碗筷，在处理餐桌上的垃圾时，他端着喝剩下的牛肉汤犹豫了一会儿，还是将汤水直接倒入了厨余垃圾桶里，还顺便把擦嘴用的纸巾和肉骨头一并装到厨余垃圾桶里。

教师提问：同学们，你觉得陈小东同学处理厨余垃圾的方式是否正确呢？

学生讨论后反馈。

教师提问：我们家庭中的厨余垃圾是否都得到了正确的处理呢？平时家人都是如何对待和处理厨余垃圾的呢？你有没有更好对待和处理处理厨余垃圾的小妙招呢？

学生分小组讨论后反馈。

教师小结：看来大家都是处理厨余垃圾的高手。

处理厨余垃圾的注意事项：

（1）应使用专用的垃圾袋，密闭投放到厨余垃圾桶里。

（2）家庭中的纯流质食物垃圾，如豆浆、喝剩下的汤等，我们可以直接倒进下水道。

（3）有包装物的湿垃圾要将外包装去除后分类投放。包装物可以投放到对应的可回收物或者其他垃圾收集容器中。

（4）注意厨余垃圾可不包含包装物、一次性的餐具和汤水饮料。

6. 厨余垃圾也是宝

教师：同学们，你们知道平时我们收集到的厨余垃圾最后都到哪里去了吗？

学生反馈。

教师：厨余垃圾的作用可真不少，经过处理可用作生化堆肥，利用厨余垃圾中的有机物产生生物化学的反应，从而进行垃圾的降解或消化，最终变成腐殖质土壤。这些经过改良后的土壤可是优质的肥料，可以帮助庄稼更好地生长。厨余垃圾除了可以生化堆肥，还能用于沼气发电！

7."光盘行动"从我做起

教师：请同学们想想，如果家里的饭菜没有吃完，家人是如何处理的？如果和家人外出吃饭，又该如何处理呢？

学生讨论后反馈。

教师："一粥一饭，当思来之不易；半丝半缕，恒念物力维艰。"同学们，平时我们外出就餐时，点菜要适量，吃不完的食物可以打包回去。珍惜粮食，拒绝舌尖上的浪费，减少厨余垃圾的产生，"光盘行动"，从你我做起。"光盘行动"不仅仅是一句口号，也是一种厉行节约、倡导珍惜的生活态度。

（三）总结评价

教师：同学们，通过这个专题的学习，你有哪些收获呢？哪位同学愿和大家分享你的收获呢？

学生分享收获。其他学生补充。

教师总结：同学们，垃圾是放错位置的资源，学会合理分类处理垃圾，才能帮助我们更好地节约资源。我们敬爱的习近平爷爷曾经说过"垃圾分类就是新时尚"。同学们，践行环保新时尚，垃圾分类我先行。让我们积极加入到垃圾分类的队伍中，共同成为环保小达人吧。

（四）课后拓展

1. 课后小调查

教师：同学们，我们的家庭中每天会产生多少厨余垃圾呢？让爸爸妈妈帮助我们一起做个有趣的小调查，看看家里一星期内产生的厨余垃圾有多少，再分别看看不同种类的厨余垃圾有多少？试着和家人一起完成下面的调查表。

日期	星期一	星期二	星期三	星期四	星期五	星期六	星期日
厨余垃圾总量（千克）							
餐桌厨余垃圾（千克）							
蔬果类（千克）							
动物类（千克）							
水产海鲜类（千克）							
过期变质食品（千克）							

2. 活动：超级变变变

教师：同学们在家里可以和爸爸妈妈一起动手将厨余垃圾变废为宝，变成有用的肥料。

活动准备：带盖子的塑料桶一个；5千克左右的餐厨垃圾；土和落叶。

活动步骤：先让爸爸妈妈帮忙将厨余垃圾充分脱水，为了防止厨余垃圾发臭，可以在厨余垃圾中加入适量除臭肥。然后将土和落叶混合后均匀地铺在塑料桶底部，再在上面铺上脱水后的厨余垃圾。这样一层层交互着铺在桶里后，盖上桶盖，放置2—3个月，塑料桶里的厨余垃圾就顺利变成肥沃的土壤。我们可以用它来种花和种菜。

十、板书设计

生活垃圾的类别——厨余垃圾

十一、参考资料

《垃圾分类知识读本》编委会，《垃圾分类知识读本》，福建科学技术出版社，2019年．

主题四

生活垃圾的类别——可回收物

一、教学内容

（1）可回收物作为学生学习的对象。教师引导学生了解什么是可回收物，并带领学生认识收集可回收物垃圾桶的外观。

（2）根据可回收物的不同类型，引导学生尝试动手为班级设计收集可回收物的垃圾桶。

（3）让学生走出课堂，到校内寻找可回收物应作为本次主题活动的一大亮点。教师在课堂中要引导学生明白可回收物无处不在，投放可回收物是有讲究的。

（4）教师为学生普及玻璃、塑料、金属、纸制品、纺织等类型的可回收物回收再利用的基本方法，以及通过趣味小知识向学生介绍可回收物的价值，让学生充分认识到资源回收再利用是一件特别有意义的事情，鼓励学生课后养成垃圾分类的好习惯，为环保事业尽一份绵薄之力。

二、教学理念

地球是人类赖以生存的家园，地球的资源是有限的，全国人民都意识到了资源回收再利用的重要性，纷纷加入垃圾分类的队伍中。在我们的生活中，大多数的垃圾经过合理分类处理后，可以变成新的资源供人们使用，这个过程就是垃圾的回收再利用。学会节约资源和回收再利用资源，树立环保意识，逐步养成节约和合理使用资源的好习惯是每个小学生的必修课。

三、教学目标

（1）了解什么是可回收物。能准确分辨可回收垃圾。

（2）认识收集可回收物垃圾桶的外观，学会正确投放可回收垃圾。

（3）懂得节约资源和资源再利用的相关知识，树立环保意识，逐步养成节约和合理使用资源的好习惯。

 四、教学重点

（1）了解什么是可回收物。

（2）能准确分辨可回收垃圾。

（3）认识收集可回收物垃圾桶的外观，学会正确投放可回收垃圾。

 五、教学难点

能准确分辨可回收垃圾，学会正确投放可回收垃圾。

 六、教学策略

课堂内，学生在教师的带领下学习有关可回收物的知识。可回收物无处不在，在该主题的活动设计中，鼓励学生走出课堂，从寻找家庭、学校等身边的可回收物入手，既帮助学生正确辨认可回收物，又让该主题的活动得到最有效的延伸。

 七、教学准备

教师：可回收物垃圾桶一个，可回收物调查表若干。

学生：分若干小组。

 八、课时建议

本主题建议安排 2 课时。

九、教学过程

(一)新课导入

1. 出示标志,学生猜测

教师:同学们,在上一主题的活动中,我们了解了厨余垃圾,也认识了绿色的厨余垃圾桶,这节课,老师又要给大家介绍一位新朋友,请同学们猜一猜它适合投放哪种类型的垃圾。它比较害羞,老师先给大家看看它的局部。你们瞧!

教师出示收集可回收物垃圾桶的标志。

教师:你们认识这种标志吗?认真观察这个标志,谈谈你的发现。

学生反馈。

教师:这个由三个箭头形成的特殊三角形的标志,称为回收标志。同学们想一想,你还在哪些地方见过它?

学生思考后反馈。

教师:是呀,正如大家所说,这种标志在很多商品外包装上都能见到它的身影。现在你能猜出这个神秘朋友的身份了吗?

学生小组猜测、反馈。

2. 出示实物图片，加深认识

教师：现在，老师把它的全貌展示给大家，你们瞧，它就是我们的新朋友——专门收集可回收物的垃圾桶。让我们用热烈的掌声欢迎它的到来。

教师出示可回收垃圾桶的图片。

教师：请同学们近距离观察这个专门收集可回收物的垃圾桶，哪位同学能结合它的颜色和收集垃圾的种类，完整地向我们介绍这个新朋友的外观？

学生观察，介绍。

教师总结：刚才通过大家的介绍，我们知道收集可回收物的垃圾桶是蓝色的，在它身上还有循环回收的标志。咱们的这位新伙伴，它不仅外表靓丽，而且很有内涵。

（二）主题探究

1. 认识可回收物

教师：同学们知道什么是可回收物吗？

学生讨论后反馈。

教师小结：可回收物就是指生活垃圾中具有资源回收利用价值的废弃物。蓝色的、收集可回收物的垃圾桶特别"贪吃"，但它"吃东西"也特别讲究，它只"吃"可回收物，比如金属类、玻璃类、纸制品等。"吃"完这些后，人们又把它的"食物"再加工成对人类有用的资源。垃圾回收再利用，帮助我们节约了资源，让资源得到最大程度的使用。

教师：同学们知道生活中哪些东西属于可回收物吗？下面让我们一起来玩个"贪吃桶"的游戏，来进一步了解可回收物。

游戏：贪吃桶。

游戏规则：各小组的组员以"开火车"的形式各说一种你知道的可回收物，说对的同学可以坐下，说错的同学要表演一个小节目。计时5分钟。每组派一名同学计数，比一比哪个小组能在规定的时间里准确说出可回收物的数量最多。

学生开展游戏，教师计时。

游戏结束。

教师小结：孩子们，发现了吗？可回收物无处不在。你们瞧，老师给大家带来了一张表格，这张表格不仅对可回收物进行了分类，而且详细记录了可回收物都有哪些。

分 类	性质类别	物品名
可回收物 生活垃圾中具有资源回收利用价值的废弃物	玻璃制品类	酒瓶、调料瓶、玻璃杯、玻璃碴、窗户玻璃、车窗玻璃、平板玻璃、玻璃工艺品、酒罐、药罐
	塑料类	塑料瓶（矿泉水、饮料、酱油、食用油、沙司、洗洁精、洗发露、沐浴露、护肤品）、标有1—7循环回收标志的塑料制品、商品（蛋糕、蔬菜）的容器、透明的托盘或包装物、方便面袋、牙膏管、洗面奶管、网眼口袋、超市购物袋、玩具、垃圾桶、塑料箱、塑料筐、塑料盆、塑料桌椅、吸管、一次性茶杯、雨衣、水桶、文具
	纸制品类	报纸、宣传单、书、杂志、包装纸盒、信纸、纸箱、干净牛奶盒、办公用纸、杂志、广告纸、目录册
	纺织类	干净旧衣服、窗帘、床上用品、布包、干净袜子、毛巾浴巾、领带、针织手套、丝绸制品、皮带、旧书包、旧手提包、旧鞋子、旧玩偶、旧帽子、旧夹子、旧纸袋
	金属类	金属烹饪用具、铝饮料罐、菜刀、剪刀、金属玩具、金属画框、刀片、金属配件、金属工具、金属罐、金属钥匙扣、指甲剪、铁管、铁板、铁棒、保险箱、厚铝制品、伞骨架、煤气灶、榔头、图钉、铁罐、金属打气筒、钉子螺丝等小件金属、金属盘子、铁锹、食品罐头、废锁头
	废旧家电、电子产品类	烤箱、烤炉、微波炉、豆浆机、电饼铛、搅拌机、净水器、手机、电脑、相机、摄像头、游戏机、随身听、遥控器、U盘、电路板、电线、插座
	废木类	小型木制品（积木、砧板、杯子、盆子、木梳）

教师：同学们，表格里有哪些物品是你之前没想到它是属于可回收物？有哪些物品是你觉得有疑问的呢？

师生交流，教师针对学生的疑问进行解答。

举例：

学生：雨鞋是什么垃圾？

教师可出示图片并讲解。

教师：雨鞋一般是塑料或者橡胶做的，塑料和橡胶都是可回收物，所以雨鞋也属于可回收垃圾。

2. 寻找身边的可回收物

教师：同学们，其实在我们身边也存在不少可回收物，这需要同学们用自己的火眼金睛认真去搜寻。老师这里也为每个小组准备了一张表格。请同学们拿出表格，以小组为单位，一起到校园里去寻找我们身边的可回收物，时间为10分钟。看看哪组搜寻、记录的可回收物种类最多。出发吧。

寻找身边的可回收物									
第_____小组　　组员：_____									
寻找地点									
可回收物									

学生以小组为单位在学校内寻找可回收物并登记，然后回班。

教师：相信大家刚才在校园中一定搜寻并记录下了不少可回收物。下面让我们一起来交流收获吧。每个小组请一位同学上来汇报，请其他同学认真倾听，并帮助辨别这组汇报的物品是否属于可回收物。

小组代表汇报。

3. 投放垃圾有讲究

教师：可回收物分类处理可以实现资源回收利用，掌握正确地投放可回收物的方法很重要。下面老师为大家提供几种常见的投放注意事项。

（1）牛奶盒等塑料包装投放前要先去除吸管，然后将内部的液体处理干净，清洗后再投放。

（2）矿泉水瓶、可乐罐喝剩的水也要倒掉后再投放。如果能在投放前压缩瓶罐的体积就更好啦。

（3）纸张、塑料、金属等混杂的物品尽可能拆解后再投放。如：废纸在投放前要去掉订书钉等，铺平叠好。如果数量比较多，可以捆绑后再投放。

（4）碎玻璃碴等锋利的物品投放前最好用纸张包好，以免伤到他人。

（5）公园、绿地、人行道等公共区域不能进行可回收物的分拣和存放，以免造成不良的影响。

教师：同学们，你们知道吗？很多地方有专业上门回收垃圾的人员会到各家各户收集报纸、金属等可回收物。所以平时我们可以把家中不用的纸类垃圾和金属制品收集起来，还能换不少钱呢。这样做既环保又能有收益，何乐而不为呢。

教师出示图片并讲解。

4. 我是小小设计师

教师：以小组为单位，为班级设计一款可回收物垃圾箱，可以根据可回收物的种类进行创新设计，这样下次同学们投放时就能做到"手中有物、心中有数"。

学生分小组设计属于班级的可回收物垃圾箱。

学生展示设计的作品，每组请一个学生当代表为大家介绍设计思路等。师生点评。学生整改作品。

5. 可回收物再利用

教师：废旧的玻璃垃圾经过回收再利用后就能重新加工成全新的、干净的新玻璃制品，这是垃圾资源化的一项重要内容。这种方式也用在金属类、纸制品和部分塑料制品。

（1）玻璃制品类。

玻璃制品的回收再利用，一般是将回收的玻璃先进行粉碎、去除杂质，然后将玻璃碎片倒入熔炉熔化，再加入适量的沙子、石灰石等新材料，最后将制热的玻璃

溶液倒入模子里冷却，就变成新的玻璃制品了。玻璃制品的回收再利用既节约了原材料，也节省了煤炭、电力等能源。

（2）塑料类。

塑料制品在我们的生活中随处可见，一般回收的塑料制品都是送到工厂进行再加工。聚酯和高密度聚乙烯塑料非常容易进行回收再利用。回收后，通常会先将它们切成碎片，然后用专门的机器清洗碎片。干净无杂质的碎片经过熔化后，加入新的塑料原料，这样就做成了新的塑料制品了。

（3）纸制品类。

纸制品的原料大多都是木材、草、芦苇等植物的纤维，对于回收的纸制品可以按照纤维成分的不同进行再加工。处理可回收的纸制品时，通常是将废纸和水混合在一起加工成纸浆，再去除杂质。干净的纸浆压缩后变成新的纸制品供人们使用。纸张每回收利用一次，它的质量就会降低一些，比如：使用过的高品质的打印纸回收后可以制成品质较低的便笺纸；用过的废便笺纸回收再利用后可以制成报纸；废报纸回收后可以做成卫生纸或者纸巾。值得注意的是，纸巾和卫生纸水溶性太强，属于不可回收的垃圾。

（4）金属类。

可回收金属类的垃圾一般都是借助金属工艺对其进行重新利用。工厂在处理回收的金属制品时，通常将铁罐和铝罐分开堆放。铁罐直接送入熔炉熔化，而铝罐却要先粉碎后再消毒，然后才能进行熔化。熔化后的金属液倒入相关的模子里进行冷却成型，这样新的金属制品就做好了。

（5）织物类。

织物类的垃圾回收加工后可作为造纸的原材料，还可以用来生产涤纶、尼龙纺织品等新的物品。

6. 趣味小知识

（1）回收26个塑料瓶可以制成全套的滑雪装备。

（2）回收一个金属罐所节约的能源就可以带动电脑工作3小时。

（3）回收的废纸可以用于制作木地板。

（4）回收1吨的废纸就可以少砍伐17棵树。

（5）回收一个废易拉罐做成新的易拉罐大概需要6个星期的时间。

■■（三）总结评价

教师：同学们，相信大家在这节课学到了不少知识。哪位同学愿意和大家分享你的收获呢？

学生分享学习收获，师生评价。

教师小结：在以"可回收物"为主题的学习中，同学们了解了什么是可回收物，认识了收集可回收物垃圾桶的外观，学会了正确投放可回收垃圾的方法。当然，可回收再利用的方式方法还有很多，这些秘密还等着同学们课后一起去寻找和探索。希望同学们今后能逐步养成节约和合理使用资源的好习惯。

■■（四）课后拓展

教师：同学们，课后我们要做个生活的有心人。可回收物无处不在，我们在学校、家庭或社会生活中，要留心身边有哪些东西属于可回收物，用过不要的可回收物应及时投入到蓝色的可回收物垃圾桶里。把今天学到的知识与家人分享，让身边的更多亲朋好友同我们一起成为"垃圾分类小达人"。

十、板书设计

生活垃圾的分类——可回收物

玻璃制品类、塑料类、纸制品类、织物类、金属类……

十一、参考资料

《垃圾分类知识读本》编委会，《垃圾分类知识读本》，福建科学技术出版社，2019年．

主题五

生活垃圾的类别——有害垃圾

一、教学内容

（1）教师教授有关有害垃圾的知识。

（2）认识医疗垃圾，知道医疗垃圾的危害和处理方式。

（3）学生利用思维导图对有害垃圾的相关知识进行梳理。班级内进行交流与分享，进而完善思维导图。

（4）通过亲身实践对复杂垃圾进行处理分类。

（5）分享交流有害垃圾的处理心得和经验。

二、教学理念

习近平总书记提出"要加快建立分类投放、分类收集、分类运输、分类处理的垃圾处理系统，形成以法治为基础、政府推动、全民参与、城乡统筹、因地制宜的垃圾分类制度，努力提高垃圾分类制度覆盖范围"，在这一指导思想下，垃圾分类工作在全国的城市和农村如火如荼地进行。实行垃圾分类关系广大人民群众的生活环境，是社会文明水平的一个重要体现。我们要让学生从认识有害垃圾入手，学习垃圾分类。本课教学关键是进行科学引导，帮助学生形成长期良好的环保习惯，推动学生主动实践，加强指导，让学生们行动起来，培养垃圾分类的好习惯，一起为绿色发展、可持续发展作出努力。

三、教学目标

（1）知道什么是有害垃圾。

（2）知道如何处理有害垃圾。

（3）对于特殊、复杂的有害垃圾能进行正确、合理的处理。

（4）知道医疗垃圾作为特殊的有害垃圾的相关知识。

（5）能够利用分类、思维导图等方法整理所学的垃圾分类的知识。

（6）拥有主人翁意识，能积极宣传有关有害垃圾的知识，并指导他人正确处理有害垃圾。

四、教学重点

能正确分辨有害垃圾并进行分类处理。

五、教学难点

对生活中复杂的有害垃圾进行正确的拆解分类。

六、教学策略

（1）课前检测，教师举例生活中的常见垃圾，检验学生是否已掌握厨余垃圾、可回收垃圾的正确分类，并了解学生对于有害垃圾的认识情况。

（2）课中教授关于有害垃圾的知识，有及特殊的有害垃圾的相关知识和处理方法。绘制思维导图。从身边实物入手，将知识引入生活，寓教于乐，互动交流，帮助学生正确分辨有害垃圾并了解处理方法。

（3）课后延伸活动，了解生活中的关于有害垃圾的政策。

七、教学准备

教师：课件；教具（推荐准备电蚊香器、废弃的颜料、油画、写不出字但还有颜料的水笔等生活中常见的复杂垃圾，以及分类垃圾桶）。

八、课时建议

本主题建议安排2课时。

九、教学过程

（一）新课导入

教师：同学们，这些垃圾你们知道它们是哪一类的吗？快来区分看看吧！

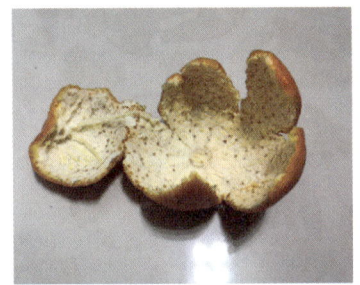

学生反馈：这些是厨余垃圾和可回收垃圾。

教师：回顾了之前所学习的厨余垃圾、可回收垃圾的知识，今天要给大家介绍一个垃圾分类的新种类——有害垃圾。

教师板书：有害垃圾。

（二）主题探究

1. 认识有害垃圾

教师：你们知道它们在成为垃圾之前是做什么用的吗？

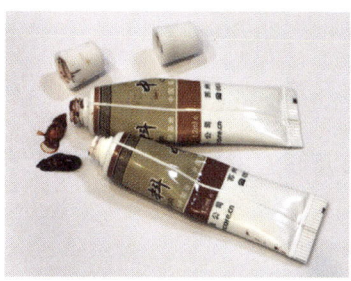

参考答案：灯泡是通电后能提供照明的工具。电池是储存和释放电能的工具。颜料是绘画工具。

教师：你们知道它们是由什么材料制作而成的吗？

学生交流讨论。

教师总结：

灯泡：灯泡内的灯丝是由钨丝制成，通电后能够发光发热为人类照明。灯泡的外壳是由玻璃制成，为了防止灯丝在长期高温之下氧化而发生损坏。玻璃罩内充满惰性气体，甚至有的日光灯外壳中含有少量的汞，节能灯外壳中更是含有铅、隔、铬、多溴联苯、多溴二苯醚等多种有害物质，这些物质能够提升灯泡的照明效果，延长灯泡的使用寿命，但对人体和自然环境却是有害的。

电池：电池是通过其内部的物质自发的氧化还原反应来储存和释放电能的。电池内部构成负极的

材料有锌、镉、铅等金属物质和碳氢化合物等，构成正极的材料有二氧化锰、二氧化铅、氧化镍等多种氧化物。这些金属物质一旦进入人体则难以代谢出去，严重的甚至会造成器官衰竭。

颜料：为了使颜料的颜色更加鲜艳、均匀，保存时间更长，会添加金属盐、着色剂、填充剂、胶固剂、分散剂和防腐剂等多种物质作为配方，将其研磨、混合成极细的颜料粉，最后制作成我们常见的颜料。

教师：如果将它们直接丢弃在土壤里，大家想想会发生什么呢？

学生讨论后反馈。

教师总结：

废旧灯泡的玻璃外壳一旦破裂，灯泡内的汞蒸气就会泄漏出来，大气中微小的粉尘颗粒都是汞蒸气的良好宿主。当汞蒸气浓度达到每立方米 0.04—3 毫克时，人和动物长期暴露其中可能慢性中毒；浓度达到每立方米 1.2—8.5 毫克时，则可能诱发急性汞中毒；浓度大于每立方米 20 毫克时，可能会直接导致人和动物死亡。

废旧灯管被按要求分类丢弃后，专门机构会把它们制成铝玻璃和荧光粉。荧光粉经过吸附处理，被送到危废处理中心重新冶炼，变成水银、铝等物质。它们再被加工成可再用的铝玻璃和荧光粉，一个日光灯管的生命周期就完成了。

若废电池的金属外壳破裂，废旧电池内部的重金属和酸碱会泄漏出来，若被填埋会污染土壤、水体，对环境造成危害。电池内含有汞、镉、铅、锌等重金属物质，有毒，会严重影响人类健康。

废旧电池焚烧时，在高温下腐蚀设备，某些重金属在焚烧炉中挥发，会造成大气污染。而且，焚烧炉底重金属堆积，产生灰渣和致癌物质二噁英，会造成土壤污染。

教师：这些有害垃圾中还有一些特殊的成员，它们曾经是人类的好帮手，曾是能拯救人类生命的白衣使者。但用过它们后，我们不得不将它们分类在有害垃圾一栏。你们猜到老师说的是什么了吗？

答案：过期药品。

教师讲解过期药品被列入有害垃圾的原因：

（1）过期药品若不按国家要求进行正确回收，则可能会被一些不法分子利用。他们将已经失效的过期的药品重新包装后当作新出产的药品，重新流入市场进行贩卖，严重损害了病人的健康和社会安全。

（2）过期药品未经分类随意丢弃在垃圾桶内，易造成细菌的耐药性，产生超级细菌。

因此，过期药品是有害垃圾，且各大药房和社区都设有专门的过期药品回收点。同学们在处理过期药品时，可去掉包装盒与说明书，将它们分别丢弃，以防其被不法分子利用。

2. 了解医疗垃圾

教师：与过期药品类似的还有医疗垃圾。让我们一起了解医疗垃圾！

医疗垃圾的种类

分 类	性质类别	物品名称
医疗垃圾（指在医疗使用过后产生的医疗废弃物）	放射性垃圾	医疗过程中使用过的胶片、定影剂、显影剂等
	非感染性垃圾	沾染了患者的血液、体液的物品；使用过的注射器；手术中取出的器官等
	感染性垃圾	药剂的包装盒、包装纸、包装袋等

虽然医疗垃圾占城市垃圾的比例不大，但它含有多种病原体、有害微生物且易造成锐器伤害，对人民群众的身体健康存在极大的安全隐患。因此，我国《危险废物分类》中将其视为 I 号危险物品。

教师引导学生阅读资料，了解医疗垃圾处理现状。

在医疗垃圾的处理过程中，我们也应对医疗垃圾进行分类处理。一般情况下，医院里产生的医疗垃圾会有专员进行回收进行专业处理。我们需要了解的是在家使用医疗器械后的注意事项。家中自行购买医疗用品及药品后，它们的包装如包装袋、包装盒等属于非感染性垃圾，可根据其材质不同进行分类处理。使用后的注射器、输液器的针头必须将其装在透明的瓶子内，再投入标有有害垃圾的收集器，以免他人在不知情的情况下意外接触造成伤害。注射器的胶头及输液器的胶管也应及时丢入有害垃圾的收集器内。

国家对医疗垃圾的处理投入了大量的人力、物力进行管理，并制定了专门的管理办法，如国务院颁布的《医疗废物管理条例》、卫生部和国家环境保护总局下发

的《医疗卫生机构医疗废物管理办法》《医疗废物管理行政处罚办法》，都特别强调了医疗垃圾需进行严格的分类、处理，同时加强了对医疗垃圾处理的奖惩制度，促进了医疗垃圾无害化处理。

但目前对医疗垃圾的管理还有许多问题尚待解决。比如，如何有效减少医疗垃圾的产生，医疗垃圾的处理者如何进行有效的防护，医疗垃圾处置培训如何普及。

3. 深入了解有害垃圾

教师播放系统介绍有害垃圾和特殊有害垃圾的视频。（教师备课时，可搜索电子垃圾、有害垃圾等关键词，寻找合适的视频。）

教师：你发现这些有害垃圾的共同点了吗？

学生讨论后反馈。

教师：有害垃圾是指像废旧灯泡、废旧电池、颜料一样含有重金属或其他有毒物质，对人体健康和环境造成直接或潜在危害的废弃物。

教师：你们还知道哪些有害垃圾呢？

学生活动：①拿出纸笔写出自己所知道的有害垃圾。②交流分享他们所知道的有害垃圾。

总结：有害垃圾包括废旧电池、可充电电池、纽扣电池、干电池、钼酸蓄电池、移动电源、手机电池；水银温度计、水银体温计、废旧水银血压计、含水银废旧物品；节能灯泡、荧光灯管、LED 灯；颜料、油漆、家用清洁剂、机油、汽油、化学试剂、毒药、废药品、杀虫剂、农药、溶剂及其容器、漆桶、水彩笔芯、香水瓶、荧光棒、过期化妆品和瓶子、发胶、口服液瓶、酒精；废旧照片、X 光片、废胶片、废胶卷。这些物品都被列入《国家危险废物名录》的品种，需将它们按要求设置临时贮存场所进行处理。

教师：同学们列出了这么多有害垃圾，看来同学们都是留心观察生活的小能手呢！但是就这样把有害垃圾罗列出来好像不方便记忆呢，大家有没有什么好方法？

推荐方法：

（1）方法一：文字列点分类。

电池类：废旧电池、可充电电池、纽扣电池、干电池、钼酸蓄电池、移动电源、手机电池。

水银制品类：水银温度计、水银体温计、废旧水银血压计、含水银废旧物品；

灯泡类：节能灯泡、荧光灯管、LED灯。

化学品类：颜料、油漆、家用清洁剂、机油、汽油、化学试剂、毒药、废药品、杀虫剂、农药、溶剂及其容器、漆桶、水彩笔芯、香水瓶、荧光棒、过期化妆品和瓶子、发胶、口服液瓶、酒精。

胶卷类：废旧照片、X光片、废胶片、废胶卷。

（2）方法二：图表归类。

分类	性质类别	物品名
有害收物 对人体健康或自然环境造成直接或潜在危害的物质	电池类	废旧电池、可充电电池、纽扣电池、干电池、钼酸蓄电池、移动电源、手机电池
	水银类	水银温度计、水银体温计、废旧水银血压计、含水银废旧物品
	灯泡类	节能灯泡、荧光灯管、LED灯
	化学品类	颜料、油漆、家用清洁剂、机油、汽油、化学试剂、毒药、废药品、杀虫剂、农药、溶剂及其容器、漆桶、水彩笔芯、香水瓶、荧光棒、过期化妆品和瓶子、发胶、口服液瓶、酒精
	废胶片及废相纸类	废旧照片、X光片、废胶片、废胶卷

主题五 生活垃圾的类别——有害垃圾

（3）方法三：思维导图。

```
                            有害垃圾
    ┌──────────┬──────────┼──────────┬──────────┐
  化学品类    电池类    胶卷类    水银类    灯泡类
```

化学品类：颜料、油漆、家用清洁剂、机油、汽油、化学试剂、毒药、废药品、杀虫剂、农药、溶剂及其容器、漆桶、水彩笔芯、香水瓶、荧光棒、过期化妆品和瓶子、发胶、口服液瓶、酒精

电池类：废旧电池、可充电电池、纽扣电池、干电池、钼酸蓄电池、移动电源、手机电池

胶卷类：废旧照片、X光片、废胶片、废胶卷

水银类：水银温度计、水银体温计、废旧水银血压计、含水银废旧物品

灯泡类：节能灯泡、荧光灯管、LED灯

4. 有害垃圾的投放

教师：选一选，哪一个是投放有害垃圾的垃圾桶呢？

学生答题。

教师：现在老师要给大家加大点难度了，老师这里为每个小组带来了一些生活垃圾，你们知道如何对这些垃圾进行分类吗？你们亲手试试看吧！

学生亲手实践，体验真实分类。

（推荐准备电蚊香器、废弃的颜料、一张油画、一支写不出字但是还有颜料的水笔等生活中常见的复杂垃圾，以及分类垃圾桶。）

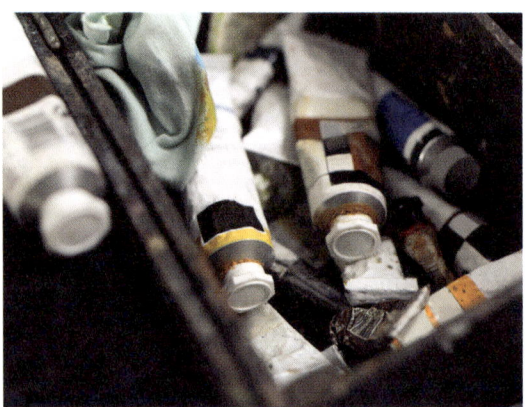

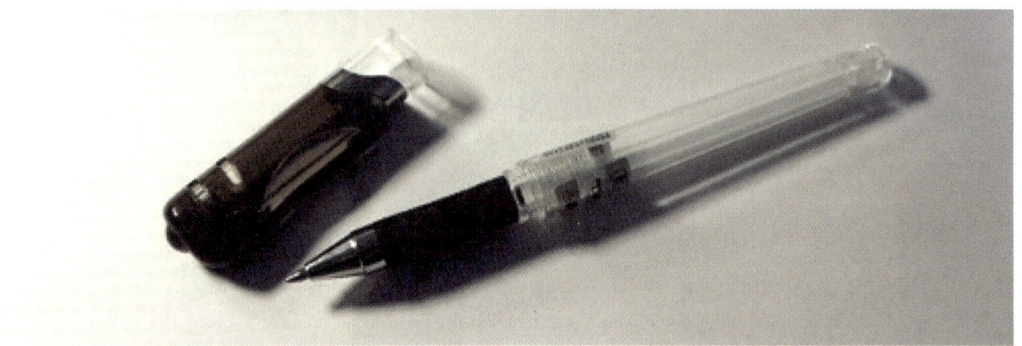

总结：

（1）电蚊香器：电蚊香器的外壳是塑料的，应该把蚊香器外壳拆下放入可回收物的垃圾桶。装蚊香液的部分是有害垃圾，应投放到有害垃圾桶中。

（2）废弃的颜料：若是将整管颜料作为有害垃圾也是正确的，但是教师可跟学生提醒，生活中出于环保的目的，我们要尽量将颜料抠出，将塑料外壳洗净。抠出的颜料是有害垃圾，洗干净的塑料外壳是可回收物，为环境保护多出一份自己的力量。

（3）水笔：将笔芯拆出，笔芯是有害垃圾，笔壳是可回收物。

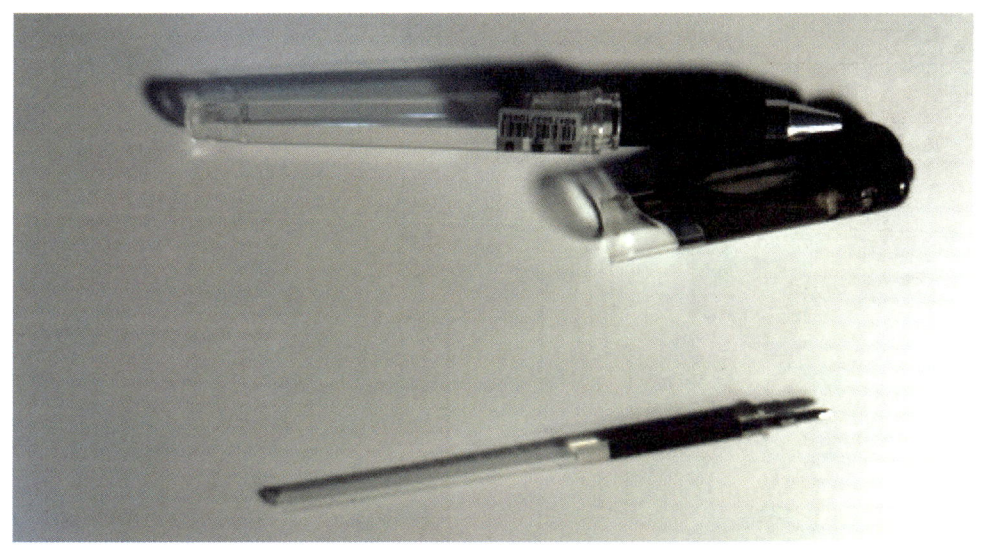

教师：今天我们学习了什么是有害垃圾，你们知道如何处理它们吗？

学生交流讨论。

教师总结：有害垃圾必须单独投放，杜绝污染。将废电池、废荧光灯管、废温度计、废血压计、废药品及其包装物、废油漆、溶剂及其包装物、废杀虫剂、消毒剂及其包装物、废胶片及废相纸等单独投入有害垃圾收集容器内。放有害垃圾的收集容器一般为红色，外观有有害垃圾的标志。

5. 投放注意事项

教师：投放有害垃圾时需要注意什么？

学生分小组讨论后反馈。

教师总结：

（1）轻投轻放。

（2）如易挥发液体，请密封后投放。

（3）易破碎的请连带包装或包裹后轻放。

教师：同学们，你对有害垃圾的回收处理还有什么建议呢？

学生讨论后反馈：

(1) 家庭日常生活产生的有害垃圾，要及时分进行分类收集。

(2) 在收集有害垃圾时，要注意对自己的保护，在安全合理的状态下处理有害垃圾。

(3) 积极响应政府号召，参与到城市垃圾分类运动中来，因地制宜，循序渐进配合环保部门统筹管理，以达到垃圾减量化与无害化的目的。努力投身到垃圾分类的新时尚中去，为实现生态文明建设水平的全面提升贡献出自己的力量。

(4) 积极参与学校、社区组织的垃圾分类活动，成为一名小学生志愿者，与学校、社会一起为垃圾分类宣传教育尽一份力！

（三）总结评价

教师：你能将今天所学到的知识用思维导图进行整理吗？

学生绘制思维导图。

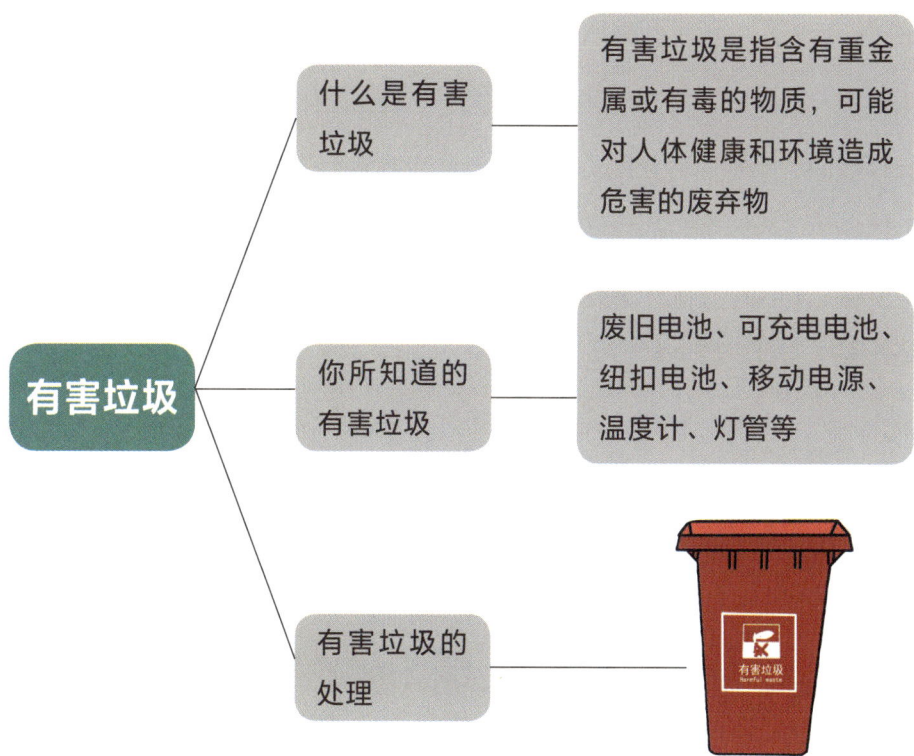

（四）课后拓展

《中华人民共和国固体废物污染环境防治法》（节选）

（1995年10月30日第八届全国人民代表大会常务委员会第十六次会议通过 1995年10月30日中华人民共和国主席令第五十八号公布 自1996年4月1日起施行）

第一条 为了防治固体废物污染环境，保障人体健康，促进社会主义现代化建设的发展，制定本法。

第二条　本法适用于中华人民共和国境内固体废物污染环境的防治。

固体废物污染海洋环境的防治和放射性固体废物污染环境的防治不适用本法。

第三条　国家对固体废物污染环境的防治，实行减少固体废物的产生、充分合理利用固体废物和无害化处置固体废物的原则。

第四条　国家鼓励、支持开展清洁生产，减少固体废物的产生量。

国家鼓励、支持综合利用资源，对固体废物实行充分回收和合理利用并采取有利于固体废物综合利用活动的经济、技术政策和措施。

第九条　任何单位和个人都有保护环境的义务，并有权对造成固体废物污染环境的单位和个人进行检举和控告。

第十六条　收集、贮存、运输、利用、处置固体废物的单位和个人，必须采取防扬散、防流失、防渗漏或者其他防止污染环境的措施。

不得在运输过程中沿途丢弃、遗撒固体废物。

第十七条　产品应当采用易回收利用、易处置或者在环境中易消纳的包装物。

产品生产者、销售者、使用者应当按照国家有关规定对可以回收利用的产品包装物和容器等回收利用。

第二十一条　对造成固体废物严重污染环境的企业事业单位，限期治理。被限期治理的企业事业单位必须按期完成治理任务。限期治理由县级以上人民政府按照国务院规定的权限决定。

第三十条　企业事业单位应当合理选择和利用原材料、能源和其他资源，采用先进的生产工艺和设备，减少工业固体废物产生量。

十、板书设计

生活垃圾的类别——有害垃圾

含有有害物质

对人体或环境有害

分类处理

 十一、参考资料

[1] 陈婉，《有害垃圾何时不再危险》，载于《环境经济》2018 年第 21 期，第 62—65 页．

[2] 鄢钢、袁光中、曾光明，《长沙市医疗垃圾处置现状》，载于《环境与健康杂志》2002 年 19（5）期，第 393—394 页．

[3] 靳桂明、吴凌、张瞿璐、董玉梅、李自琳，《医疗垃圾分类处置标识化管理》，载于《华南国防医学杂志》2004 年 6 期．

[4]《中华人民共和国固体废物污染环境防治法》，全国人民代表大会网，http://www.npc.gov.cn/wxzl/gongbao/1995-10/30/content_1481345.htm．

主题六

生活垃圾的类别——其他垃圾

垃圾分类教师手册

一、教学内容

（1）教师教授有关其他垃圾的知识。

（2）学生通过列表整理其他垃圾的知识。班级内交流与分享自己所整理的知识图表。

（3）模拟生活场景，体验垃圾分类。

（4）了解特殊的其他垃圾，如烟头、贝壳、猪牛羊大骨等。

（5）拯救其他垃圾大行动，将垃圾变废为宝。

（6）优化知识图表后设计一份宣传垃圾分类的海报，在自己的社区对其他垃圾的知识和处理方法进行宣传。最后制定一份其他垃圾处理计划。

二、教学理念

近年来，我国加速推行垃圾分类制度，全国地级以上城市全年启动生活垃圾分类工作。垃圾分类工作关系千家万户，对推动绿色发展、建设美丽中国具有十分重要的意义。本主题从其他垃圾入手，引导学生由点入面的学习垃圾分类，共同养成文明健康的生活方式，做好垃圾分类和环境卫生工作。

三、教学目标

（1）知道什么是其他垃圾。

（2）知道如何处理其他垃圾。

（3）了解特殊的其他垃圾，如烟头、贝壳、猪牛羊大骨等。

（4）进行其他垃圾再利用，将垃圾变废为宝。

（5）设计一份宣传海报，积极为其他垃圾分类的知识做宣传。

（6）拥有主人翁意识，能积极宣传有关其他垃圾的知识，并指导他人正确处理其他垃圾。

四、教学重点

能正确分辨其他垃圾并进行分类处理。

 五、教学难点

(1)知道烟头、贝壳、猪牛羊大骨等也是其他垃圾。

(2)能将所学知识进行整理并用于实际生活中,制定其他垃圾分类计划表,设计其他垃圾分类宣传海报和其他垃圾的废物改造。

 六、教学策略

(1)课前检测,教师举例生活中的常见垃圾,检验学生是否已掌握厨余垃圾、可回收垃圾、有害垃圾的正确分类,并了解学生对于其他垃圾的认识情况。

(2)课中教授关于其他垃圾的知识,了解贝壳、猪牛羊大骨、烟头等也是其他垃圾。模拟生活场景指导学生进行垃圾分类。指导学生垃圾循环再利用,培养环保意识,绘制宣传画报,制定分类计划等活动。知道其他垃圾若未分类处理可能对人类和生活环境产生的危害。本主题将知识引入生活,寓教于乐,互动交流,帮助学生正确分辨其他垃圾并了解处理方法。

(3)课后延伸活动,了解垃圾分类相关法律法规。

七、教学准备

教师:课件;垃圾分类小卡片。

八、课时建议

本主题建议安排 3 课时。

九、教学过程

■■（一）新课导入

教师：今天我们一起做个垃圾分类小游戏。大家手中都有一些各种生活垃圾的小卡片，你能将它们正确投入相应的垃圾桶吗？

■■（二）主题探究

1. 了解其他垃圾

教师：谁知道抹布是什么垃圾呢？

学生反馈。

教师：抹布是其他垃圾。你所知道的还有什么是其他垃圾呢？

学生讨论后反馈。

教师总结：

其他垃圾还包括使用过的餐巾纸、一次性纸质餐具杯具、妇女卫生用品、纸尿裤、厕纸、猪牛羊大骨、大鱼骨、海鲜贝壳、脏污破旧衣物、抹布、拖把、其他受污染的纺织物、榴莲壳、椰子壳、玉米棒、桃核、西梅核、粽子叶、破旧陶瓷器、计生用品、烟头、灰土、口香糖、相册、碎瓦片、旧水槽（陶瓷）、旧水槽（大理石）、杯子（陶瓷）、坛子、坏篮球、创可贴、化妆刷、海绵、坏的花盆、湿垃圾袋、打火机 。

教师：为了方便同学们记忆，大家一起开动小脑筋，对同学们所列举的其他垃圾进行分类吧！

分 类	性质类别	物品名
其他垃圾 除可回收物、厨余垃圾、有害垃圾和大件垃圾以外的垃圾	污染纸制品类	使用过的餐巾纸、绘画涂鸦过的纸制品、一次性纸质餐具杯具、妇女卫生用品、纸尿裤、厕纸
	骨骼贝壳类	猪牛羊大骨、大鱼骨、海鲜贝壳
	塑料类	使用过的塑料袋、脏污的塑料制品
	纺织类	脏污破旧衣物、抹布、拖把、其他受污染的纺织物
	水果类	榴莲壳、椰子壳、玉米棒、桃核、西梅核
	其他	粽子叶、破旧陶瓷器、计生用品、烟头、灰土、口香糖、相册、碎瓦片、旧水槽（陶瓷）、旧水槽（大理石）、杯子（陶瓷）、坛子、坏篮球、创可贴、牙刷、化妆刷、海绵、坏的花盆、湿垃圾袋、打火机

教师：列举了这么多其他垃圾的例子，现在有谁能用一句话总结下什么是其他垃圾呢？

学生反馈。

教师总结：其他垃圾是除可回收垃圾、厨余垃圾、有害垃圾、大件垃圾以外的垃圾。

教师板书：其他垃圾是除可回收垃圾、厨余垃圾、有害垃圾、大件垃圾以外的垃圾。

教师出示图片。

教师：这是我们生活中投放其他垃圾的垃圾桶，我们要将其他垃圾统一集中起来，再将它扔到专门的垃圾桶里去。

连线活动：垃圾分类大挑战。

教师：请将对应的垃圾连线到与其对应的垃圾桶里，让我们一起来向垃圾分类大挑战吧！

主题六　生活垃圾的类别——其他垃圾

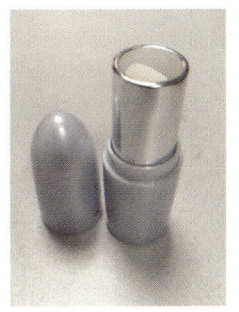
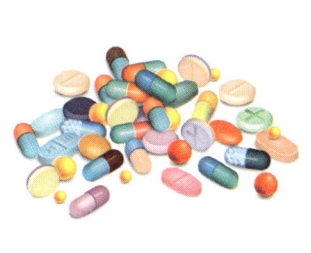
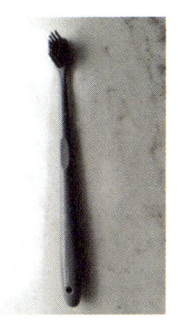

脏污的勺子

推荐答案：

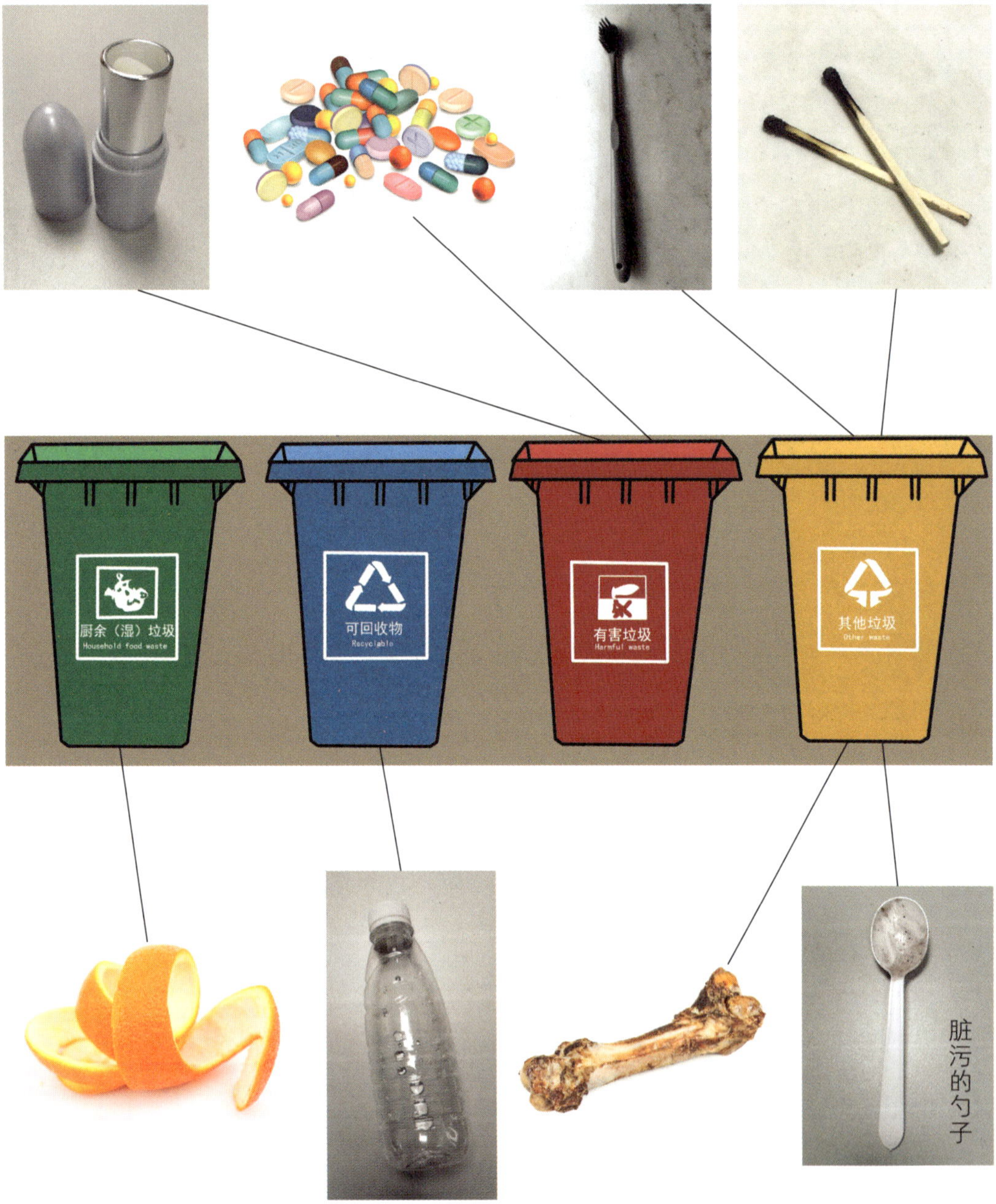
厨余（湿）垃圾
Household food waste
可回收物
Recyclable
有害垃圾
Harmful waste
其他垃圾
Other waste
脏污的勺子

教师：大龙虾壳、贝壳、猪牛羊的大骨头等不易腐烂的骨头也是其他垃圾，你们没想到吧！其实，我们的生活中还有些特殊的其他垃圾是需要我们特别注意的，那就是烟头。有这么一则感人的故事发生在一位七旬老人的身上，哪位同学愿意帮大家读一下这一则故事？

　　教师出示资料，学生阅读并分享感受。

　　资料一：

　　每天清晨，天安门广场上总会有这么一个固定的身影——一位带着棒球帽，已75岁的刘玉珍老奶奶在不停地弯腰捡烟头和其他垃圾。1994年至今风雨无阻，她说："世界看中国，中国看北京，北京自然要看天安门。在我的心中，天安门广场就是我的家，为天安门打扫是应该的。"

　　资料二：

　　香烟中的烟叶由于其受自身特点和生长环境的影响，含有一定量的汞、砷、镉、铅等重金属和一些其他有害物质。在加工过程中，所使用的香精、黏合剂等添加剂也含有多种重金属元素。科学实验发现，在吸烟过程中，这些重金属会挥发，随着空气弥散在周围环境中，对周围的人造成危害。香烟吸食后丢弃的过滤嘴、烟头和烟灰中也同样残留着大量的重金属。当它被随意丢弃在路边或房间内时，无论是对吸烟者还是对被动吸烟者都可能造成二次伤害。

　　资料三：

　　根据有关资料显示，汞在食物中一般以化合物的形式存在。其中，无机汞不易被人体吸收，而有机汞则容易被人体吸收且毒性较大。人体对有机汞的有效吸收率甚至高达90％。有机汞在脑内可积蓄较长时间，人体要将其排出体外需要70天左右，若大量累积会对大脑产生不可逆转的伤害。

　　含砷的化合物中绝大部分属于高毒物质。砷化物可通过黏膜完全吸收，蓄积在皮肤、毛发、指甲以及骨骼中。砷作为高致癌物，从砷中毒到发展为癌症，潜伏期为 10—20 年。

还有一些重金属物质也对人体伤害非常大，且要将其排出体外同样需要很长时间。人体将镉排出体外需要 10 年以上。长期摄入镉，会造成肾和肺的损害，严重的会导致肺气肿和肾功能紊乱。将铅排出体外需要 5 年左右，吸入的铅会通过肺泡弥散进入血液。长期吸入含铅的烟雾可能引发慢性铅中毒。

这些重金属元素在香烟中含量虽然不高，但如果长期大量吸烟或处于吸烟的环境中，就有可能引起重金属的慢性中毒，需引起吸烟者警惕。

2. 投放注意事项

教师：同学们，你们知道投放其他垃圾时还需要注意什么吗？

学生讨论反馈。

教师总结：

（1）尽量沥干水分。

（2）成分复杂、难以分辨类别的生活垃圾，可投入其他垃圾收集容器。

（3）贝壳和猪牛羊大骨也是其他垃圾。

（4）扔掉垃圾之前可开动脑筋，努力帮助它们回收再利用。

教师：相信大家已经对其他垃圾有了进一步的认识，那么现在我们就一起来一场生活场景大考验吧！

教师根据实际生活创设情境，考察学生对其他垃圾的分类是否基本掌握。

举例：

教师出示图片，进行情景模拟：当我们吃完一桌串串香火锅之后，怎么分类这些垃圾呢？

学生讨论后反馈。

教师根据学生的回答进行点评，引导学生得出最优答案。

主题六 生活垃圾的类别——其他垃圾

推荐答案：

湿纸巾包装袋：可回收物。

湿纸巾：其他垃圾。

竹签：统一收集起来，是其他垃圾。

食物残渣：厨余垃圾。

汤水可滤净残渣后倒掉，残渣是厨余垃圾。

3. 其他垃圾的处理方法

教师：你们知道这些其他垃圾被回收之后是被如何处理的吗？其他垃圾大多是干垃圾，一般回收后由专门的保洁员进行二次分拣，部分可变成资源，出售给废品回收企业。剩余的其他垃圾，大部分进行焚烧处理用于发电，其大大提高燃烧的热值，以提供居民的生活用电;并且分类处理后的其他垃圾焚烧后大大减少了二噁英的排放量,极大地减少了对空气的污染。有时用来填埋处理,填埋场将不再会那么恶臭,可有效减少对地下水、地表水、土壤及空气的污染。

教师:除了处理垃圾,我们应该尽量减少垃圾的产生,以及变废为宝。垃圾其实是一种错位的资源,对于其他垃圾,我们不要轻易地扔垃圾,我们可以开动脑筋对它进行再创造,将它变废为宝。让我们一起动员起来,来一次拯救其他垃圾大行动吧!

推荐活动:

(1)巧设"擂台"。

教师可以在教室中设立"变废为宝"展览区,让学生通过"参赛"的形式来展现旧物改造的成果。"擂台"展示不光能为学生呈现出具象的作品造型,竞争的形式更能刺激学生积极的操作欲望。通过交流欣赏，学生也可以在宽松的氛围里发现变废为宝的魅力，实现其他垃圾的废物再利用。

（2）节日互动。

鼓励学生利用自己精心制作的"艺术品"来表达心意，别出心裁地自制小礼物。

（3）统一主题打造创意，引导利用其他垃圾进行创作。

学生只要留意并大胆想象，也能创作出富有新意的作品。如在教授学生绳子的穿编技法后，引导学生思考：怎么编才能让造型更加美观？学生通过交流、讨论，大胆想象，作品会也将会大放异彩。

教师：今天回家后你要怎么开始处理其他垃圾呢？现在大家一起拿出你们手中的笔和其他垃圾处理计划表，一起做个计划吧！

其他垃圾处理计划			
班级：_____ 姓名：_____			
我要对 _____ 进行改造。			
改造方案一	改造方案二	改造方案三	改造方案四

学生交流分享做好的计划，并对自己的改造设计进行优化。

■■（三）总结评价

教师：现在大家都知道了如何处理其他垃圾，那么我们如何让更多的人知道这些知识呢？

学生讨论后反馈。

教师总结：

（1）在社区进行宣传，提高居民意识，让他们知道垃圾对环境的影响。

（2）宣传小区分类垃圾桶的设置点，方便居民进行垃圾分类。

（3）进行不乱倒垃圾的宣传活动。

（4）从自己做起，养成良好习惯，节约资源，尽量减少产生垃圾。

教师：我们一起为其他垃圾环保活动代言，做一份宣传其他垃圾分类的宣传海报吧！小组同学一起讨论，你想制作什么样的海报呢？写下你的计划书。

我的宣传海报计划书
班级：_____ 姓名：_____
我需要的工具有：
_____
我的创意是：
1._____
2._____
3._____
……

教师引导学生制作宣传海报。

■■(四)课后拓展

《福建省城乡生活垃圾管理条例》(节选)

《福建省城乡生活垃圾管理条例》已由福建省第十三届人民代表大会常务委员会第十一次会议于 2019 年 7 月 26 日通过,现予公布。本条例自 2020 年 1 月 1 日起施行。

第一条　为了加强城乡生活垃圾管理,促进生活垃圾减量化、资源化和无害化,改善城乡人居环境,促进生态文明建设和经济社会可持续发展,根据《中华人民共和国固体废物污染环境防治法》《中华人民共和国循环经济促进法》等有关法律、行政法规,结合本省实际,制定本条例。

第六条　尊重环卫工人及其劳动成果,改善其工作条件,保障作业安全,逐步提高劳动报酬和福利待遇，做好卫生保健和技术培训，维护合法权益。

第七条　倡导全社会践行低碳绿色生活方式，减少生活垃圾产生。

单位和个人应当履行生活垃圾分类投放义务，按照垃圾分类的有关规定和要求，主动开展生活垃圾分类活动，培养生活垃圾分类习惯。

第二十四条　城乡生活垃圾分为四类：

（一）可回收物，指适宜回收和可循环再利用的生活废弃物，主要包括废纸、废塑料、废金属、废玻璃、废织物、废弃家具、废弃电器电子产品等。

（二）易腐垃圾，指餐饮垃圾、厨余垃圾等易腐性的生活废弃物，主要包括废弃的食材、剩菜剩饭、蔬菜瓜果、肉类、水产品等。

（三）有害垃圾，指对人体健康、自然环境造成直接或者潜在危害的生活废弃物，主要包括废电池、灯管、废药品、温度计、血压计、废油漆、杀虫剂、消毒剂及其包装物等。

（四）其他垃圾，指除可回收物、易腐垃圾和有害垃圾之外的其他生活废弃物。

十、板书设计

生活垃圾的类别——其他垃圾

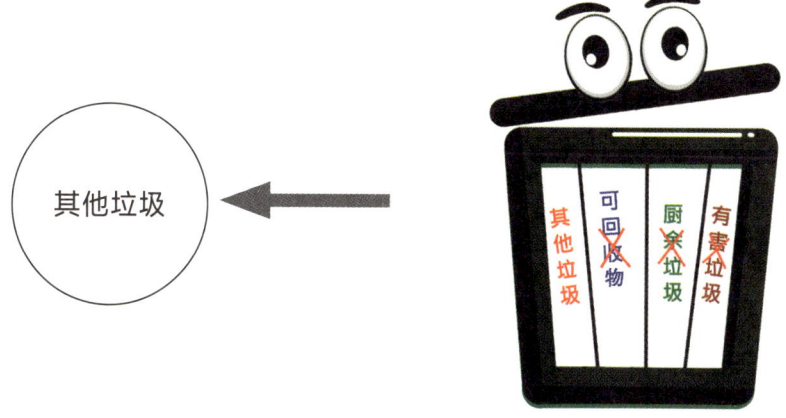

十一、参考资料

[1] 石德智，《基于新型分类收集系统的生活垃圾焚烧过程污染物控制及其机理研究》，浙江大学环境与资源学院，2009年．

[2] 韦胜来，《浅谈城市生活及其他垃圾分类》，载于《魅力中国》2019年9期．

[3]《7旬老太天安门广场义务捡烟头17年》，载于《课堂内外：创新作文（高中版）》2011年12期．

[4] 马名扬、张朝阳、毕鸿亮，《吸烟过程中重金属挥发量的测定》，载于《光谱实验室》2005年22（4）期．

[5] 林巧玲，《变废为宝创意美术——浅谈小学美术教学中"废物利用"的实践探索》，载于《新校园》（中旬刊）2013年8期．

[6]《福建省城乡生活垃圾管理条例》，福建省人民政府网，http://www.fujian.gov.cn/zc/flfg/dfxfg/201908/t20190816_4965616.htm.

主题七

生活垃圾的类别——大件垃圾

一、教学内容

（1）引入新课。欣赏美景，让学生感受到，在这么美丽的环境下生活是一件非常愉快的事情，也与后面视频中乱扔大件垃圾行为形成鲜明对比，激发学生自觉养成保护环境的习惯。

（2）认识大件垃圾，以游戏的形式让学生巩固认识。

（3）结合资料了解大件垃圾的危害，调查社区大件垃圾投放情况，根据调查结果探究生活中大件垃圾投放面对的困难及应对措施。

（4）让大件垃圾"回家"，聚焦生活中作为普通市民该如何做。

（5）延伸拓展，向社区居民写倡议书以及了解大件垃圾回收后工厂处理办法。

二、教学理念

陶行知先生曾经提出，如果播种了行为，就会收获相应的习惯，进而可以收获性格，最终收获命运。这个教育思路体现了行为习惯培养的重要意义。所以，落实垃圾分类教育，共同建设充满生机、和谐文明、有序规范、优美整洁的家园，有着较强的现实意义。倡导科学、环保、节约的教育理念，培养学生良好的行为习惯，是当下德育的重要任务。为了让学生进一步了解生活中的大件垃圾，培养学生分析问题的能力及环保意识，使学生体会到社会环保问题严重与紧迫性。通过这次关于垃圾分类——大件垃圾的活动教学，不仅使学生亲身体验到垃圾分类真实的情况，更意识到社会环保问题的严峻性，增强了学生的社会责任感，同时使学生掌握了如何去了解事物的方法。在活动中更是对学生的合作、分工的一种考验，学生的人际交往能力、文明礼貌的人文素养则在活动中自然而然地得到提高。

三、教学目标

（1）懂得合理妥善地处理大件垃圾对保护环境的重要意义。

（2）知道如何进行大件垃圾投放，并在生活中身体力行。

（3）体验美好家园的好处，知道保护环境要从身边做起，愿意做好身边的整洁工作，为美化家园、保护环境尽自己的一份力。

四、教学重点

（1）了解生活大件垃圾。

（2）学习大件垃圾处理的办法。

（3）培养学生的合作精神和环保意识。

五、教学难点

（1）大件垃圾正确投放的必要性和方法。

（2）培养学生的环保意识。

六、教学策略

课堂围绕"生活垃圾的分类——大件垃圾"的主题，从生活情境"扔大件垃圾"引入，让学生了解生活中的大件垃圾。学生在教师的引导下通过小组的合作，采用探究式学习通过实地调查，通过网络查阅资料，共同讨论，不断探究，完成学习任务。在学习过程中，学生通过交流分享来体验快乐。

垃圾分类教师手册

七、教学准备

教师：课件。

学生：事先考察、访谈、调查家庭、社区大件垃圾回收和处理情况。

八、课时建议

本主题建议安排2课时。

九、教学过程

（一）新课导入

教师：同学们，你们知道生活垃圾可以分成几类吗？

学生反馈。

教师：我们之前了解了生活垃圾可大致分为可回收物、有害垃圾、易腐垃圾、大件垃圾和其他垃圾。这五类垃圾中，你对哪一个最陌生？

学生反馈。

教师板书：大件垃圾。

（二）主题探究

1. 认识大件垃圾

教师：那什么是生活中的大件垃圾？不急，今天就让我们一同走进生活小区中去瞧一瞧。

教师出示图片。

主题七 生活垃圾的类别——大件垃圾

教师：说说你看到了什么？有什么感受？

学生讨论后反馈。

教师总结：这些就是我们所谓的大件垃圾。那么它们都有什么特征？如何辨别大件垃圾呢？

学生反馈。

教师出示定义：大件垃圾指日常生活中产生的体积较大、整体性强、需要拆分后再处理或利用的废旧家具、家用电器等。

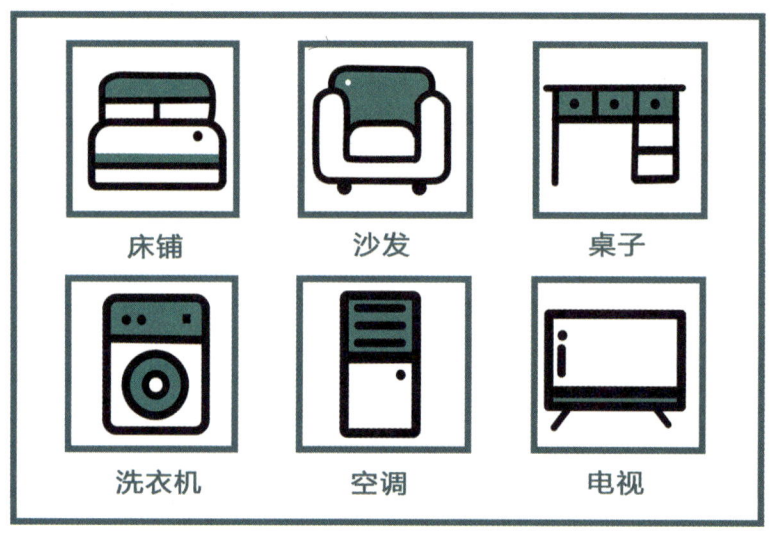

教师：瞧，这些就是大件垃圾的图标，仔细观察，说说你观察后的发现。

教师：是的，大件垃圾正如图标传递出的意思一样，它是指生产生活中产生的体积较大的重量超过 5 千克，体积大于 0.2 立方米或长度超过 1 米，且整体性较强，需要拆解后再来利用或处理的废弃物，包括废家用电器和家具等。

教师出示下列表格。

分 类	性质类别	物品名
大件垃圾 日常生活中产生的体积较大、整体性强以及需要拆分后再处理或利用的废旧家具、家用电器等	废旧床上用品类	废旧被褥、地毯、床垫
	废旧家具类	橱柜、沙发、茶几、桌子、床铺、床头柜、电视柜
	废旧大家电类	冰箱、洗衣机、空调、冰柜、抽油烟机
	其他废弃物	自行车、电动车、椅子（金属架）、行李箱、健身器材、梯子、轮胎
	园林绿化垃圾	绿化施工、修剪产生的树干、树枝、树叶

教师：下面我们玩一个"分一分"的游戏，把下面图中的大件垃圾找出来。

垃圾分类教师手册

主题七 生活垃圾的类别——大件垃圾

教师：看图，你能快速判断出哪些是大件垃圾吗？将它们选出来投放到大件垃圾的回收盒子里。（教师事先在学习单上打印各种垃圾图标并配上序号，下面放在一个大件垃圾桶的图片，选择序号填在垃圾桶图片里。）

答案：锅、相机、衣柜里的衣服属于可回收物，其他都是大件垃圾。

学生分小组合作完成学习单。

教师巡视，看情况指导。

学生展示交流学习单，全班校对答案，最后交流感受。

2. 乱丢大件垃圾的危害

教师：近年来，随着经济的快速发展和人们生活水平的不断提高，各种家具更新换代的速度也越来越快，因此产生了大量的大件垃圾。有调查显示，随着城市化进程的加速，78.6% 的受访者遇到过处理大件垃圾的困扰。

教师出示资料。

资料一：

据《厦门晚报》报道，小黄下班回家，走到小区门口时，发现公共垃圾桶边上多了一个大件垃圾——一张破旧的老式沙发，被它的主人遗弃于此。小黄当时没太在意，谁知三四天过去后，沙发依然立在原地，不仅与小区内整洁的环境格格不入，还影响居民们通行。小区的保洁员由于不认识沙发的原主人，也对这张大沙发无计可施。无奈之下，小黄只好求助于小区物业。最终在物业人员的帮助下，这张旧沙发被拆卸并装运至垃圾场，总算得到了妥善处理。

资料二：

据《沂蒙晚报》报道，随着城市化进程的加快，城市居民装修房屋过程中产生的建筑垃圾以及一些大件的破旧家具成为居民垃圾处理的一大难题。23 日，记者走访临沂市区多个小区了解到，不少小区都存在随意丢弃建筑垃圾及大件废旧家具的现象。23 日上午，记者在市区铁路小区内看到，靠近小区北门口的绿化带内堆放着一个废弃的马桶，而在不远处的草坪上还放着几个破旧的床垫。小区居民刘女士告诉记者："马桶是楼上邻居更换下来的，放在这里很长时间了。生活垃圾箱根本放不下大件垃圾，大家也不知道如何处理，只能放在此处。"不仅铁路小区的居民受到大件垃圾的困扰，在其他的一些老旧小区内也存在类似的情况，而大件垃圾随意丢弃也成了小区的卫生难题。在市区皇姑桥小区多座居民楼周围，有许多废旧的家具堆放在楼前的绿化带内，长期无人处理。而在市区平安路一小区内，甚至还有破旧的床垫也被堆放在垃圾箱旁边。"这些废弃的床垫扔在这有几个月了，可是始终也没有人处理。"一位居民向记者抱怨说。

教师：读完资料，我们从中看到大件垃圾随意堆放会产生哪些问题？

学生讨论后反馈。

教师：大件垃圾的随意堆放仅仅只是占用公共场所的空间吗？还有哪些危害？你知道吗？

学生讨论后反馈。

教师根据情况补充：旧家具堵住了消防通道，容易成为火灾隐患，那里往往又是蟑螂、老鼠的藏身之地，影响环境卫生。此外，大件垃圾中含有对人体健康或自然环境有直接或潜在危害的需要特殊处理处置的物质，包括铅、汞、镉、铬、多溴二苯醚等有毒有害物质。

教师总结：大件垃圾体积大、整体性强，处理起来困难，若不能及时处理，不仅严重影响市容市貌，而且威胁居民健康，甚至存有消防安全隐患，百害而无一利。

3. 大件垃圾投放现状

活动：社区大件垃圾投放调查。

学生结合自身情况完成表格，然后在小组内交流，交流完后请代表集中组员的调查与感受汇报。

你居住的小区是否有乱堆放大件垃圾的现象？	
针对大件垃圾，你居住的小区是怎么处理的？	
你对小区大件垃圾处理的办法满意吗？为什么？	

根据调查结果，探究生活中大件垃圾投放面对的困难及应对措施。

困难	措施

教师总结：针对大件垃圾，城市应当完善建立健全统一、环保、运作的大件垃圾处理体系，我们作为市民应提高环保意识，对大件垃圾进行集中、规范的处理，提高回收利用率。

4. 让大件垃圾"回家"

教师：国外处理大件垃圾是怎么做的？一起看看有哪些值得借鉴的经验吧！

教师出示资料，学生阅读思考并讨论。

澳大利亚：设"大件垃圾丢弃日"

澳大利亚对居民处理大件垃圾有严格的规定，一般根据不同城市市议会的规定，每年会有几个大件垃圾的丢弃日，借以集中处理大件垃圾。在这样的日子，居民只需要将大件物品堆砌在指定的地点，通常就是和自己家的垃圾桶一样，放在门口的草地上，第二天就会有市议会安排的专门的大件垃圾清理公司的员工来进行回收。

对于这些丢弃的垃圾，很多澳大利亚人并不是随便的扔在家门口，很多人会非常规整的把东西排在那儿。比如一些电器，原主人甚至会翻出说明书、包装盒，把它们重新恢复包装，然后在上面写着工作状况良好，希望有需要的人可以在垃圾回收之前自行取走。

随意乱扔大件垃圾的行为在澳大利亚是违法，违法者可能会面临高达1500澳币的罚款。由于道路上很多地方都有摄像头监控，可以查得出你运垃圾的车牌号，所以要神不知鬼不觉的非法丢弃一件大型垃圾，在澳大利亚很难做到。

如果在非指定的大型垃圾丢弃日需要丢弃大型垃圾，不同的市议会规定不一样。有一些市议会可以在接到电话预约之后第二天委派回收人员来免费回收，但是也有一些议会会为此收取额外的垃圾处理费。所以很多人在丢弃一些大型家具之前，往往会在网上先放一个帖子，比如写着某某电器或者是某某家具白送，唯一的条件就是自己上门来取。

日本：扔前先买票

在日本，丢弃家具、家电等大件垃圾是要到便利店等地购买垃圾处理票贴在上面，垃圾才会被运走。这种"票"一般是当地负责垃圾回收事务的居民自治委员会印刷，在超市、24小时便利店等地都有卖。

一件大垃圾的回收费相当于人民币20元，但是要扔电视、冰箱、空调、洗衣机等大型家电则会是一笔不小的花费。比如扔一个大冰箱，费用接近千元人民币，如果是不付费随便丢弃，是要被罚款或者被判刑。

处理不用的家具，可以在竞拍网站上拍卖，卖给二手商店，请政府回收部门、回收公司免费或付费回收，回收的东西会被检查，如果是还可以作为二手产品出售的物品，会转给旧货商店。很多地方政府还有互相转让的服务，就是在政府相关部门登记自己愿意转让的东西，登记一般会保留三个月，登载在政府每个月给每一户发放的生活杂志上。需要的人也可以打电话询问。

德国：回收有日历

每个城市都有负责收集垃圾的法定机构。柏林城市清洁公司负责人尤塞夫对记者表示，所有家庭必须参与，并缴纳一定费用。每年，城市清洁公司都向居民免费发放"垃圾回收日历"，到了大件垃圾收集时间，当地媒体会提醒公众具体时间和地点。"除了固定收集时间外，大件垃圾不允许被随便扔到街上。"尤塞夫说，"否则会受到法律的惩罚。"当然，如果急于把家里的大件处理掉，还有3个办法：打电话预约，居民向城市清洁公司支付15欧元（折合成人民币约为112元）的费用，等待上门收取；自己开车送到指定回收中心，但也要缴纳一定的费用；按照电子垃圾法规定，大件电器垃圾可以送到大型零售商免费回收，条件是顾客要购买新的可比性电器。

教师：其实，大部分的大件垃圾具有较好的资源回收价值。那么我们家庭该如何正确处理大件垃圾？

学生反馈，师生共同填写下列表格。

方式一	
方式二	
方式三	
方式四	
方式五	
………	

■■（三）总结评价

教师引导学生汇报总结：

（1）按规定时间投放在指定收集场所。

（2）网络或电话预约回收物回收企业进行回收。

（3）如果比较新还可以二手转让或者转赠给需要的人。

在生活中，我们应该尽量使用绿色环保耐用的家具，增加大件垃圾的使用寿命。

■■（四）课后拓展

1. 撰写倡议书

教师指导学生以倡议书的形式向社区居民写一份有关大件垃圾处理的倡议书。

2. 了解大件垃圾回收后的处理方式

（1）正确认识大件垃圾处理的标志。

（2）查找资料，了解工厂处理大件垃圾措施。

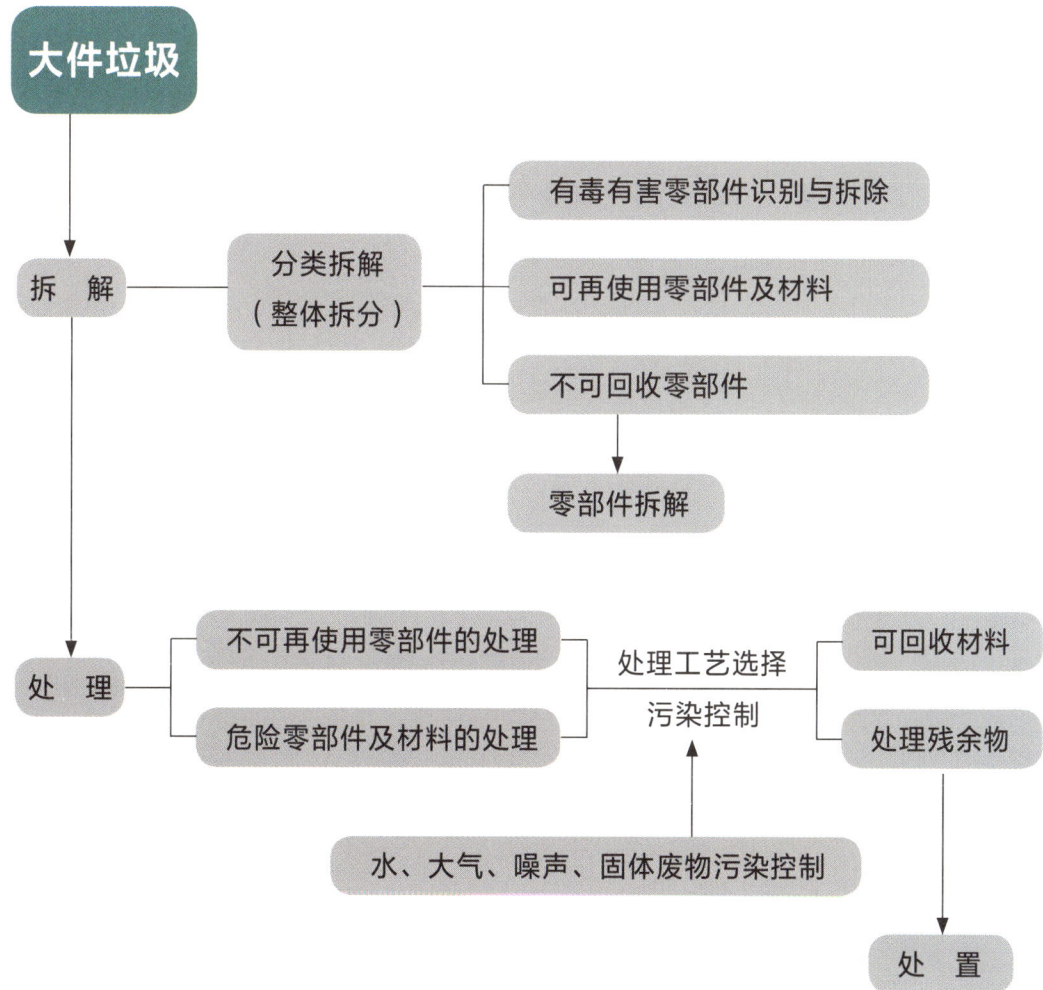

3. 交流收获，总结全课

教师：通过今天这次活动，你有什么收获吗，谁和大家一起来分享一下？

学生反馈。

教师总结：我们每个人都是垃圾的制造者，也是垃圾的受害者，更是环境的保护者，为了我们共同的家园，请从自己开始，自觉对垃圾进行分类处理。

十、板书设计

生活垃圾的类别——大件垃圾

认识	体积大	整体性强
现状	"大麻烦"	

投放 ── 投放点
       └ 预约上门

十一、参考资料

[1]《垃圾分类科普知识 对大件垃圾，看看国外是怎么做的》，http://www.sohu.com/a/287003132_292503.

[2]《大件垃圾别随意丢弃 应妥善处理回收利用》，载于《厦门晚报》2017年11月5日，http://epaper.xmnn.cn/xmwb/20171105/201711/t20171105_5130409.htm.

[3]《大件垃圾成了小区"钉子户" 多为居民随意丢弃》，载于《沂蒙晚报》2013年6月24日，https://linyi.house.qq.com/a/20130624/000013.htm.

主题八

生活垃圾的处置——堆肥

一、教学内容

（1）学习关于垃圾堆肥处理的相关知识，知道堆肥处理的原理、过程、步骤，了解垃圾堆肥处理之后可以变成有机肥料，可以改良土壤，使农产品增产。

（2）课余开展堆肥和自制环保酵素的实践活动，利用家庭厨余垃圾进行堆肥处理，学会观察堆肥状态的变化，写堆肥日记。

二、教学理念

倡导绿色环保、健康生态的生活方式，提升垃圾的回收利用率，践行在环境中育人、活动中育人的教育理念。将垃圾分类知识融入校园课程体系，开展丰富多彩的生活垃圾分类主题宣传教育活动，开展生活垃圾分类综合实践活动。

三、教学目标

（1）知道什么是垃圾堆肥。

（2）知道垃圾堆肥的原理、过程、步骤。

（3）认识垃圾堆肥的用处。

（4）能进一步关注和思考垃圾分类问题，提高保护生态环境的环保意识。

（5）培养学生搜集、分析资料的能力，并尝试运用一定的方法解决问题。

四、教学重点

掌握垃圾的堆肥处理方法和技巧。

五、教学难点

自己动手设计制作堆肥箱，进行家庭生活垃圾的堆肥处理。

六、教学策略

（1）课前调查活动，教师引导学生做好学习准备。

（2）课中进行交流分享、激发学习兴趣，充分展开课堂；交互活动，促进思维碰撞和争鸣。

（3）课后延伸活动。

七、教学准备

教师：课件。

学生：事先考察、访谈、调查家庭厨余垃圾收集和处理情况。

八、课时建议

本主题建议安排2课时。

九、教学过程

（一）新课导入

教师：同学们，通过之前的学习，相信大家都学会了如何对生活垃圾进行分类，今天老师想考考大家，你们知道生活垃圾中哪一类垃圾是占比最高的？面对这类垃圾，怎样处理最好？

学生分组讨论后反馈。

教师总结：城市生活垃圾中，被人类丢弃的瓜果皮、菜叶、肉骨、鱼骨等厨余垃圾占垃圾总量的 60% 以上，有的地区甚至达到 70%—80%，是生活垃圾处理的主要对象，也是造成垃圾污染的主要原因。厨余垃圾可以进行堆肥处理，堆肥是目前最生态环保的垃圾处理方法之一。我国是农业大国，自古民间就有堆肥处理的传统，将秸秆、落叶、野草、动物粪便等转化为肥料回到田间。

（二）主题探究

1. 了解堆肥处理

（1）可以进行堆肥处理的垃圾。

教师：吃剩的饭菜、过期的食品和丢弃的蔬菜、果皮、果核等厨余垃圾；集贸市场的有机垃圾；家庭产生的花草、落叶等易腐垃圾。这些都可以通过堆肥再造成有机肥料。

（2）垃圾堆肥的条件。

教师：堆肥是指经过发酵腐熟、微生物分解等堆肥工艺处理，使垃圾中的有机物（如农作物秸秆、杂草、树叶、泥炭、有机生活垃圾、餐厨垃圾、污泥、人畜粪尿、酒糟、菌糠以及其他废弃物等）为主要原料，变成卫生的、无味的有机肥料，用作植物的肥料和改良土壤。堆肥需要依靠自然界广泛分布的细菌、真菌等微生物，其实质是一种发酵过程。

教师：堆肥需要哪些条件？

学生讨论后反馈。

教师总结：①有机废物——报纸、叶子、草、厨房垃圾（水果、蔬菜）、木制材料。②土壤——微生物的来源。③水。④空气——氧气的来源。

（3）垃圾堆肥的原理。

教师：堆肥的原理是什么？让我们一起来了解。

教师出示堆肥原理图。

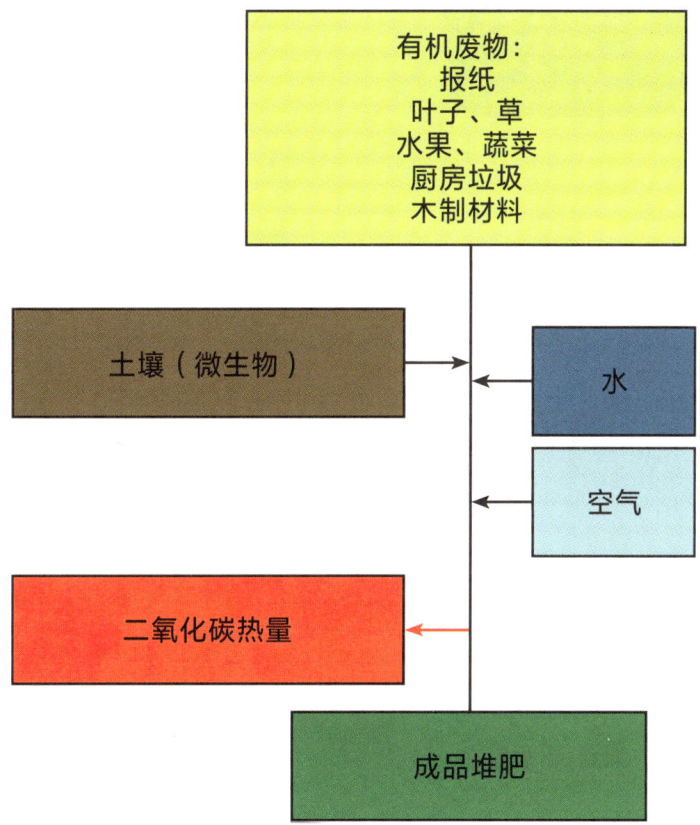

教师根据上图讲解。

（4）堆肥处理的方法。

教师：厨余（湿）垃圾从垃圾变成肥料需要过程。

教师出示图片并讲解。

教师：堆肥操作一般分为四步。

第一步：预处理，剔出大块的无机杂品，将垃圾破碎处理。

第二步：细菌分解（或称发酵），在温度、水分和氧气适宜条件下，微生物将各种有机质转化为无害的肥料。

垃圾分类教师手册

第三步：腐熟，稳定肥质，待完全腐熟即可施用。

第四步：贮存或处置，将肥料贮存，废料另作填埋处置。

（5）堆肥处理好处多。

学生分小组讨论并汇报堆肥的好处。

教师总结：厨余垃圾富含有机物，含水率高，具有易腐烂、易发酵等特点。因其水分、油脂含量高，若与普通生活垃圾一起焚烧，会降低焚烧效率，同时其中的脂类物质在重金属的催化条件下易产生二噁英等有害物质。厨余垃圾的填埋处理又会产生大量的渗滤液，污染环境。

若经生物技术处理，每吨厨余垃圾可生产 0.3 吨有机肥料，可用于养花、种菜。厨余垃圾在生活垃圾中占比很高，如果都能变成有机肥，既省下用作填埋场的土地，又节约运送它们的车辆和能源，还能防止它们滋生蚊蝇和细菌，更可以杜绝餐厨废弃物以"地沟油"等形式回流到餐桌。

堆肥是一种生产有机肥的过程，所含营养物质比较丰富，且肥效长而稳定，同时有利于促进土壤固粒结构的形成，能增加土壤保水、保温、透气、保肥的能力，而且与化肥混合使用又可弥补化肥所含养分单一，长期单一使用化肥使土壤板结，保水、保肥性能减退的缺陷。

2. 实践活动

（1）家庭厨余垃圾堆肥。

教师：同学们，在家里就可以尝试堆肥！

教师讲解操作要点：

第一，堆肥桶要选购密封式的，可封锁臭气，减少对周边环境的影响。

第二，选用果皮菜叶等易腐的厨余垃圾，需沥干水分，并且尽量切碎后放入桶中。

第三，塑料桶密封后在 20℃以上发酵，加入一定比例的配套菌种或发酵剂，可大大提高发酵成功率。建议每隔 5—8 厘米就撒一层发酵菌种。

第四，待 3—5 天下层发酵液渗出后，每 1—2 天就要排出一次，收集到的发酵液呈透明淡茶色或深茶色，表明发酵成功。

第五，发酵液可加清水以 10—50 倍稀释，直接浇灌在植物底下的土壤中，或者稀释 100 倍喷洒于植株表面。

第六，15 天左右堆肥便发酵好了，开盖可见桶内厨余长出白色或偏红色的菌丝，说明发酵菌生长旺盛，堆肥顺利。

第七，4—6 周后，菌丝逐渐老化、褪去，已经无液肥产生，厨余颜色明显变深，此时可将固体堆肥取出使用，将发酵好的有机堆肥作为基肥埋入土壤中使用；或跟泥土混合后放入花盆里继续发酵一个月作为培养土待用（建议混合比例，堆肥：泥土 =1：3）。

教师可出示家用堆肥桶的图片，让学生在课堂上有直观的感受，课后可仿制进行操作。

教师：堆肥桶里会发生什么样的变化？这些肥料需要多少天的发酵呢？赶快把你观察到的记录下来，并和大家一起分享吧。

从收集厨余到堆肥成功，是一个漫长的过程，要 25—35 天。在这一段时间内，教师可提醒学生细心地、耐心地照料堆肥桶，看护堆肥桶的过程是培养学生恒心和毅力的最好时机。教师在这个过程中，指导学生仔细观察堆肥桶的变化，并把堆肥桶的变化用图画或者文字的形式记录下来。

我的堆肥日记　第（1）天
今天，我用＿＿＿＿＿＿＿＿＿＿＿＿＿＿＿＿＿＿＿＿＿＿＿厨余垃圾开始制作堆肥……

（2）自制环保酵素。

环保酵素，是指混合了糖和水的厨余新鲜垃圾经厌氧发酵后产生的棕色液体。其用途非常广泛，如净化空气、保持土质、清洁厨房等。环保酵素制作过程简单，制作材料随处可得，不仅可以减少垃圾量，还能变废为宝，生产出来的发酵液清洁力也很强，可以用来洗菜、洗衣服，发酵液同时也是很好的有机营养液，发酵剩余的残料也能成为优质的有机肥。

教师出示图片。

教师讲解操作要点：

第一，制作环保酵素的比例：3 份垃圾、1 份糖、10 份水。

第二，安装酵素的容器需保有 20% 的发酵空间，避免选用玻璃或金属等无法膨胀的容器。

第三，可将酵素原料（如菜渣、果皮）切片，切得越小，越有助于分解。

第四，酵素原料避免使用鱼、肉或油腻的厨余（但可做堆肥用），否则会有腐臭味。

第五，如果希望制作出来的酵素有清香的气味，可加入橘子皮、柠檬皮等有香味的蔬菜果皮。

第六，环保酵素应该放置于空气流通、阴凉处，避免阳光直接照射。切勿置放于冰箱内，低温会降低酵素的活性。

第七，制作过程中的第一个月会有气体产生，每天将瓶盖旋松一次，并立刻关紧，释出因发酵而膨胀的气体，并把浮在液面上的蔬果厨余按下去，使其完全浸泡在液体中。一个月之后应该就不会再有膨胀的气体。可密封继续静置至三个月期满即可。

（三）总结评价

学生分享、交流成果，自评和互评，选出做得最好的个人或小组。

教师特别介绍：堆肥对改良土壤的作用大。

（1）提供养分全面。有机肥含有作物所需要的营养成分和各种有益元素，而且养分比例全面，有利于作物吸收。因此，有机肥施得越多，越有利于土壤养分比例平衡，越有利于作物对土壤养分的吸收和利用。

（2）促进土壤微生物繁育。深耕配合施用有机肥，能大大促进新开垦土地的熟化进程。另外，有机肥还能产生各种酚、维生素、酶、生长素等物质，能促进作物根系生长和对养分的吸收。

（3）提高土壤保肥保水能力。有机肥可以吸收更多的钾、铵、镁、锌等营养元素，提高土壤保肥能力，尤其是腐熟的有机肥保肥能力更明显。有机肥还具有很强的缓冲能力，可防止因长期施用化肥而引起的酸度变化和土壤变硬的现象。

（4）减少养分固定，提高养分有效性。有机肥含有许多有机酸等物质，它们能与许多金属元素如锰、铝、铁等发生反应，可减少锰离子对作物的危害，又可防止铝与磷结合成很难被作物吸收的物质而无效化，大大提高土壤成分的有效性。

（5）加速土壤团聚体的形成，改善土壤理化性质。土壤团聚体是土壤肥沃的重要指标，它的含量越多，土壤物理性质越好，土壤越肥沃，保土、保水、保肥能力越强，通气性能越好，越有利于作物根系生长。

最后，教师引导学生保存记录学习实践的资料，建立活动成长档案。

■■（四）课后拓展

1.了解腐殖质

教师出示资料，引导学生阅读和思考。

植物和动物的遗体被认为是有机物，因为它们曾经是生物。当生物死了以后，它们的遗体开始腐烂。当这些有机物遗体降解的时候，它们逐渐变形，成为腐殖质——土壤中主要的有机质成分。在这个降解过程中，能滋养植物生长的氮元素被释放到土壤里。有机物质迁移到腐殖质里是大自然能量循环的一种方式：生物从土壤中摄取养料，逐渐长大，而它们死后又回到土壤中。

当细菌、真菌和其他土壤里的生物体开始分解有机物遗体的时候，降解循环开始了。小动物，例如蚯蚓、螨虫等也是靠腐烂的生物遗体为生的，它们消化这些生物遗体，释放出更小的废弃物体。所有的这些在土壤里的微生物和小动物都是成肥者。

通常情况下，存留于土壤表面的有机物（嫩枝、肥料、腐烂的树叶、老的植物、食物碎片和其他相似的东西）降解得比较缓慢。当有机物和土壤混合时，它们腐烂得更快。那就是为什么人们回收食物碎片、树叶和其他残渣并堆成肥料堆的缘故，因为这样使得土壤里微小的成肥者接触腐烂物质更加容易。为了给这些小的成肥者以它们成活需要的空气和水分，人们还必须保持肥料堆潮湿，并经常翻动它。

肥料是腐殖质加上土壤。肥料是暗色的、软的，经常是黑的，它包含养分，例如氮——这是健康的植物生长所需要的重要物质。

2. 了解阳光堆肥房

教师出示资料，引导学生阅读和思考。

阳光堆肥房的屋顶由数块透明的太阳能采光板拼接而成，室内安装了透风口、淋水喷头等供氧增湿的装置，地面则是用水泥浇筑并且铺设了收集垃圾渗滤液的下水道。

工人将厨余垃圾倒入阳光堆肥房的发酵仓后，阳光可以透过屋顶的钢化玻璃，对厨余垃圾进行加热，然后投加高效微生物复合菌剂，加速厨余垃圾分解。阳光房的多孔通风管道，可以保证供氧，使耗氧微生物得到氧气并分解，里面形成的有机肥料可以用于农村的蔬菜种植、绿化施肥等，是很有效的有机肥料。

厨余垃圾在阳光堆肥房里摇身一变成了有机肥料，不仅能用于蔬菜种植，还能为土壤增加养分，既环保又节能。

十、板书设计

生活垃圾的处置——堆肥

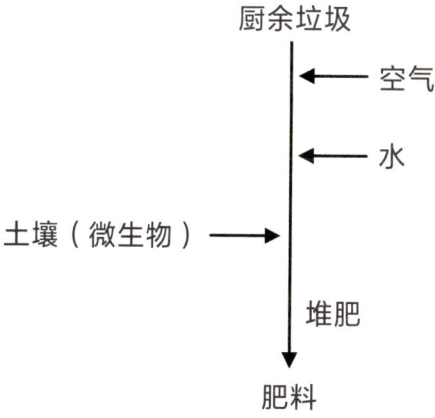

十一、参考资料

[1]《垃圾分类知识读本》编委会,《垃圾分类知识读本》,福建科学技术出版社,2019年.

[2] 福州市教育局,《垃圾分类知识读本》,福建教育出版社,2018年.

[3]《小学科学 教学参考书》三年级下册,江苏凤凰教育出版社.

[4]《堆肥》,百度百科,https://baike.baidu.com/item/%E5%A0%86%E8%82%A5%E5%8C%96/4804627?fromtitle=%E5%A0%86%E8%82%A5&fromid=5958555&fr=aladdin.

[5]《环保酵素》,百度百科,https://baike.baidu.com/item/%E7%8E%AF%E4%BF%9D%E9%85%B5%E7%B4%A0/4306187?fr=aladdin.

[6]《新闻110》,福州广播电视台.

主题九

生活垃圾的处置——回收

一、教学内容

学生分小组讨论学习关于垃圾回收处理的相关知识。认识纸类、塑料类、玻璃类、金属类、纺织类等不同种类的可回收物的回收处理方法。通过自制再生纸实践活动，体验纸类回收再利用的过程。

二、教学理念

倡导绿色环保、健康生态的生活方式，提升垃圾的回收利用率，践行在环境中育人、活动中育人的教育理念。将垃圾分类知识融入校园课程体系，开展丰富多彩的生活垃圾分类主题宣传教育活动，开展生活垃圾分类综合实践活动。

三、教学目标

（1）知道哪些垃圾可以进行回收。

（2）认识垃圾回收处理的意义。

（3）认识不同种类的可回收物的处理方法，特别是塑料类的回收处理。认识塑料可以回收做成衣服。

（4）能进一步关注和思考垃圾分类问题，提高保护生态环境的环保意识。

（5）培养学生搜集、分析资料的能力，并尝试运用一定的方法解决问题。

四、教学重点

掌握纸类、塑料类、玻璃类、金属类、纺织类等不同种类垃圾的回收处理方法。

五、教学难点

通过自制再生纸实践活动，体验纸类回收再利用的过程。

六、教学策略

（1）分组开展课前调查活动，查阅相关资料，教师引导学生做好学习准备。

（2）课中进行分组交流分享、激发学习兴趣，充分展开课堂；交互活动，促进思维碰撞和争鸣。

（3）课后延伸活动。

七、教学准备

教师：课件。

学生：事先查阅关于生活垃圾回收处理的相关资料。

八、课时建议

本主题建议安排 2 课时。

九、教学过程

（一）新课导入

教师：同学们，你们猜一猜这些衣服是什么材料做的？

学生反馈。

教师：答案是塑料。你猜对了吗？塑料竟然能做成衣服！你们是不是大吃一惊呢？现在请大家找一找自己的衣服标签，看看面料的成分含量是什么。

学生反馈。

教师出示图片。

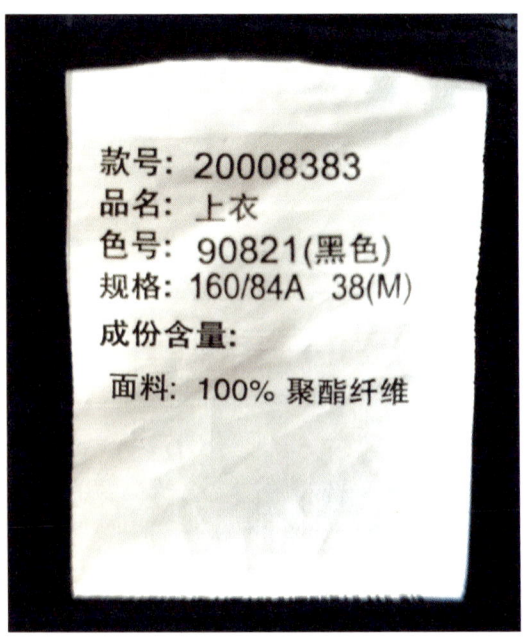

教师：如果像上图那样写的是聚酯纤维，那衣服就可能是塑料制品回收制成的。同学们，你现在扔掉的矿泉水瓶，不久之后可能会变成身上穿着的衣服，这就是神奇的垃圾回收。所以，有句话说的特别好——这个世界上没有垃圾，只有放错了地方的资源。只要回收得当，垃圾都能变成有用的资源。今天我们就一起来研究生活垃圾的回收。

■■（二）主题探究

1. 了解回收处理

（1）复习哪些是可回收物。

教师：哪些垃圾可以进行回收处理？我们之前学过可回收物有哪些？大家一起来回忆。

学生讨论后反馈。

教师总结：很好。我们再次复习了可回收物的知识。纸类、金属、塑料、玻璃等都可以被回收处理。

（2）不同种类垃圾的回收处理。

教师：原来有这么多东西都是可以回收再利用的。但是不同种类垃圾的回收处理过程都不一样，举例说一说你知道的垃圾回收处理，并且说一说垃圾回收有什么意义。

学生分小组讨论后反馈。

教师总结：废纸、废塑料、废玻璃、金属、织物的回收处理。

教师结合资料讲解。

废纸回收：这里的废纸指未被严重玷污的文字用纸、包装用纸和其他纸制品等，如报纸、各种包装纸、办公用纸、过期杂志、图书，还有各种纸质包装盒等。据统计，全国年造纸消耗木材1000万立方米。纸张的大量消费不仅造成森林毁坏，

垃圾分类教师手册

而且生产纸浆排放的污水会导致江河湖泊受到严重的污染。纸类的回收利用价值很高。回收利用1吨废纸可以再造出0.8吨好纸，可以挽救17棵大树，少用纯碱240千克，降低造纸的污染排放，节省造纸能源消耗40%—50%，节省3立方米的垃圾填埋场空间，而且每张纸最少可以回收利用两次。

废塑料回收：生活中常用的塑料制品，它们来自地球上不可再生的资源——石油。每天被我们丢弃的可乐瓶和被称为"白色垃圾"的塑料袋、一次性塑料餐盒，属于高分子聚合有机物，如果埋在地下，200年也烂不掉，它还会使土壤板结，降低土壤的肥力，甚至使土壤失去耕种的能力。如果能将废塑料重新回收再利用，则能大大节约资源。废塑料是炼油的好原料，有人曾经形象地将它们比作"二次油田"。1吨废塑料至少能回炼600千克的无铅汽油和柴油。许多废塑料还可以还原为再生塑料，循环再生的次数可达十次。1吨塑料可回收制成800千克塑料粒子，节约增塑剂200—300千克。以废餐盒为例，三只废餐盒就可以做一把学生用的尺子，20个废餐盒可以造出一个漂亮的文具笔筒。从塑料花盆到公园里的长凳，都可以用废餐盒作为原料来生产。

废玻璃回收：回收加工玻璃制品对保护环境和资源都有很大好处，回收废玻璃再造1吨玻璃，可节约石英砂720千克、纯碱250千克、长石粉60千克、煤炭10吨、电400千瓦·时，节省38%的资源，减少50%的空气污染、20%的水污染、80%—90%的废弃物。

金属回收：饮料瓶、饼干盒、茶叶罐等金属包装活跃在我们生活的各个领域，除很小的一部分被回收外，大部分作为垃圾丢弃。1吨铝制易拉罐熔化后，能结成1吨很好的铝块，可再造新罐，也可制成汽车和飞机零件，而且比用铝土提取铝少消耗71%的能量，减少95%的空气污染。

织物回收：回收的织物通常按新旧程度、纤维成分、颜色、穿戴季节的不同进行分类，再按照捐赠要求把八九成新的冬季衣服挑选出来，经过整理和消毒后捐赠到贫困地区,这部分一般占回收旧衣物总量的 3%—4%。易拆的针织品经整理,无偿提供给爱心机构,为困难群体编织毛衣。余下织物按照毛、棉、化纤、混纺分类后,再加工利用成纺织原料。纯棉或纯毛废旧纺织品经开松、脱色,重新纺纱、织布,或制作拖布、手套;混纺废旧纺织品经切碎、功能化整理成墙体保温材料;废旧涤纶、腈纶、锦纶再制造成工业用辅料,可实现全过程无污染再生利用。

(3)可回收垃圾的收运和处理过程。

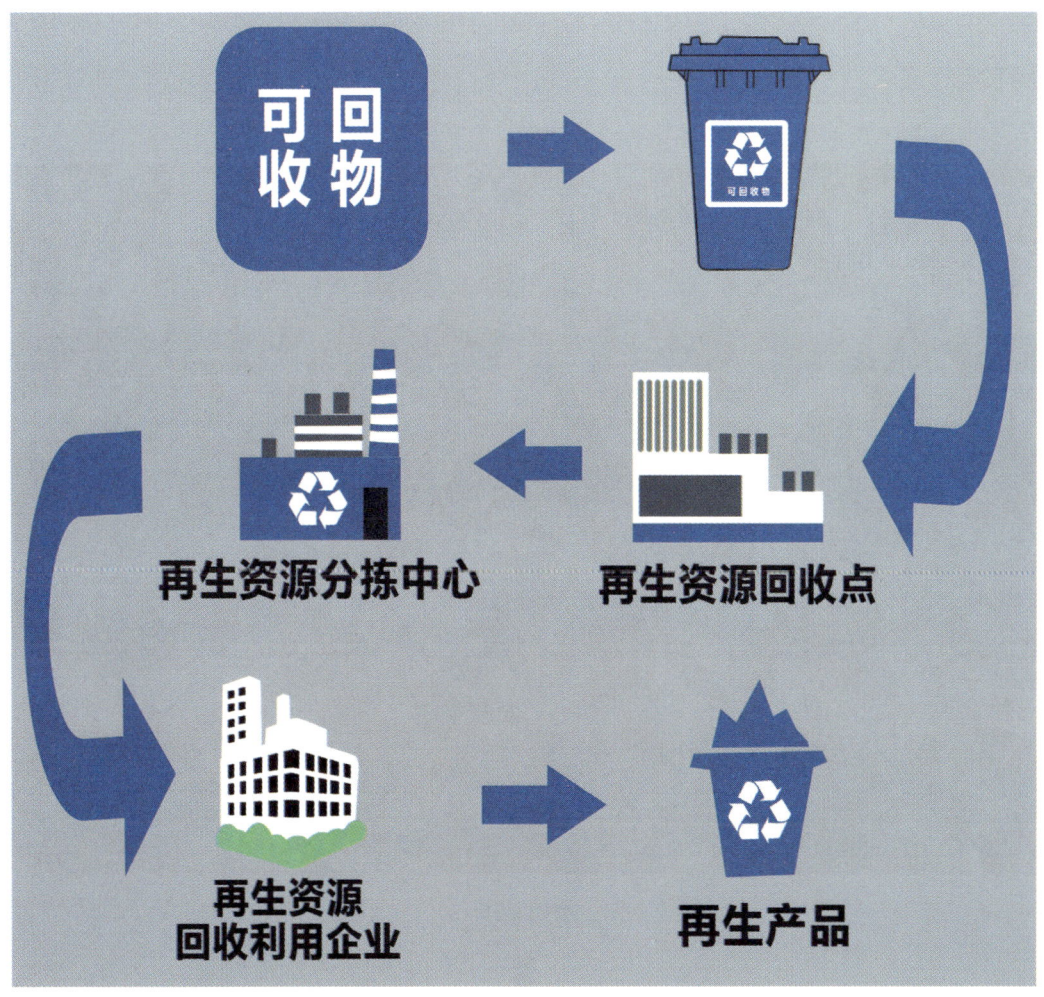

(4)以"塑料变衣服"为例,认识塑料的回收。

教师:我们一起来看一看,塑料是怎么制成衣服的?

教师播放相关视频,学生观看思考。

教师解说:我国每年回收处理数万吨、数亿只废塑料瓶,这些废弃塑料首先会进行分拣,像矿泉水瓶这样属于食品级的塑料会被分拣出来压缩运输、经粉碎、消毒去污处理,再经过脱水、高温溶解等过程,最终可以变成纯净的塑料颗粒(PET颗粒)。这些小颗粒的作用可大了,它们可以用来制作保鲜盒、文具、玩具等各种各样的塑料制品。如果把这些小颗粒经高温拉丝成纤维,再纺成纱线,就能织成布料,用来制作成衣。

塑料碎片

PET 颗粒

高温拉丝成纤维

纺成纱线

织成布料

教师：虽然塑料给人的感觉是比较坚硬，但是做成衣服以后完全没有任何不舒适的感觉，而且透气性非常好。使用再生塑料做成的衣服，可以减少自然资源的消耗，减少对环境的影响。虽然采用废旧塑料制成，但是完全不用担心衣服对身体健康会有什么影响。因为再生利用公司采用最先进的工艺进行高温杀菌处理，所以大家可以放心地穿。更可贵的是，塑料回收的着色技术突破了印染行业的传统工艺，从根本上解决了印染行业普遍存在的水污染问题，大大减少了对环境的污染。

2. 实践活动

教师：我们一起试着用回收处理的方法自制再生纸。

教师介绍：

（1）材料：废纸（建议使用旧报纸）、面粉或淀粉。

（2）工具：电动搅拌器、水桶、大塑料盆、造纸框、干布、玻璃棒、试管或擀面杖、抄纸纱网。

（3）步骤：①将废纸若干撕碎放入水桶中，加水浸泡，最好浸泡一夜。②废纸浸泡变软后，倒掉多余的水，将废纸放入电动搅拌器内，加入少许清水，搅拌使之成为糊状纸浆。③在纸浆中加入少许淀粉或面粉（为使纸面比较光滑，易于写字），搅匀。④把纸浆倒入大塑料盆内，双手握住造纸框，在水中把它向前推动，小心地从盆中水平提起抄纸纱网，如果没有抄纸纱网，可用垫有干布的铁纱网替代。一层纸浆便会留在上面，如果纸浆太厚，就在清洁的桌面上放一块毛巾，翻转造纸框，使扁平的纸浆倒在干布上，再在纸浆上放一块干布，用试管或面杖轻轻地在上面擀压以挤去纸浆中的水分。⑤约5分钟后，轻轻用力从角边揭起，放在光滑的平面上，待它完全干透，再用剪刀把纸的四边剪齐。

教师指导学生尝试制作再生纸。

（三）总结评价

教师：同学们学到了许多关于环境保护的知识，体会到"世上本无垃圾，只有放错了地方的资源"这句话的真正含义。在逐渐富裕的今天，我们回收垃圾，是保护环境的自觉意识和行动。因为我们清楚地知道，我们所回收的不止是一张张的废纸、一个个塑料袋，那是我们的子孙安身立命的森林和河流。希望大家从我做起，从现在做起，从身边的点滴小事做起，做生活中的"绿色天使"，建设我们的美好家园，共筑我们的美好未来。

（四）课后拓展

1. 为旧衣物安个"家"

师生共同查阅资料，分小组阅读、思考和讨论。

近年来，不少市民留意到，小区内出现了一两个一米多高的铁箱子，上面有"支持垃圾分类""共创文明城市""低碳环保美化福州"等字样。原来，这些回收箱是让居民投放旧衣物，其中较新的旧衣物分拣出来可作为慈善捐赠，剩下的可以进行资源再生利用。

2. 塑料可回收标志

师生通过查阅资料，了解1—7号塑料材质。

塑料可回收标志，是在一个三角形里面有数字编号1—7，每个编号代表一

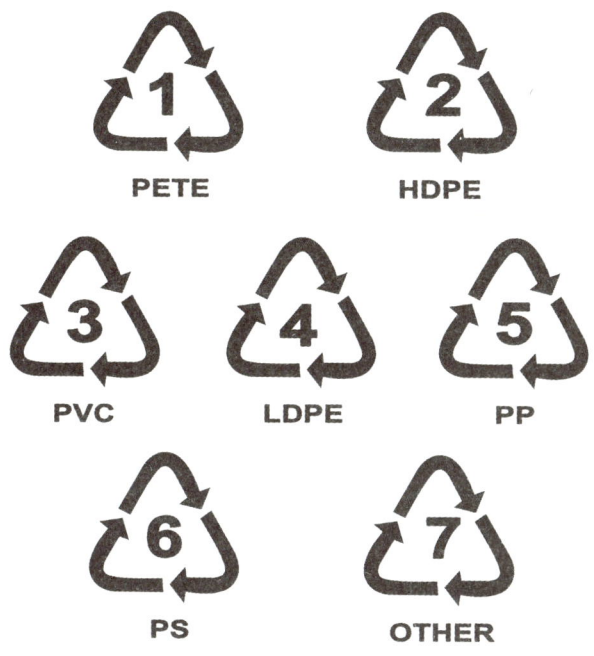

种塑料材质。一般在塑料容器底部会印有塑料可回收标志。

第1号：PET（聚对苯二甲酸乙二醇酯）。常见矿泉水瓶、碳酸饮料瓶等都是用这种材质做成的。只耐热至70℃，装高温液体或加热易变形，会溶出对人体有害物质。1号塑料品用了10个月后，可能释放出致癌物，因此不可重复使用，不能加热。

第2号：HDPE（高密度聚乙烯）。盛装清洁用品、沐浴产品的塑料容器，超市和商场中使用的塑料袋多是这种材质制成。不宜再用作水杯，或者用来做储物容器装其他物品。

第3号：PVC（聚氯乙烯）。多用以制造水管、雨衣、书包、建材、塑料膜、塑料盒等，很少被用于食品包装。这种材质的塑料制品易产生有毒有害物质，使用时请勿受热。

第4号：LDPE（低密度聚乙烯）。常见的保鲜膜、塑料膜等都是用这种材质制造的，高温时产生有毒有害物质，使用时请勿受热。

第 5 号：PP（聚丙烯）。多用以制造水桶、垃圾桶、箩筐、篮子和微波炉用食物容器等。微波炉塑料餐盒采用这种材质制成，这是唯一可以放进微波炉的塑料盒，可在小心清洁后重复使用。需要注意的是，有些微波炉餐盒，盒体以第 5 号塑料制造，但盒盖却以第 4 号塑料制造，故不能与盒体一并放进微波炉。

第 6 号：PS（聚苯乙烯）。多用以制造建材、玩具、文具、滚轮，以及碗装泡面盒、发泡快餐盒等一次性餐具。不宜加热，装酸性（如橙汁）、碱性（如常用洗涤剂）物质后，会分解出有害物质。

第 7 号：其他。这是被大量使用的一类塑料材质。包括 PC（聚碳酸酯）类，多用于水壶、太空杯、奶瓶，高温下释放有毒有害物质，因此使用时不可加热，也不要在阳光下直晒；PA（聚酰胺）类，即尼龙，多用于纤维纺织和一些家电等产品内部的制件。

3. 废旧塑料的回收与再利用

教师引导学生思考废旧塑料回收后，除了学过的再利用知识之外，还能用作什么？

学生反馈。

教师根据学生反馈的情况补充资料。

再生塑料：废塑料经过人工筛检分类后，还要经过破碎、造粒、改性等流程，变成各种透明或不透明塑料颗粒，再按照品相进行分类，最后成为可以再次利用的再生塑料。

燃料：塑料回收大量采用填埋或焚烧方法，造成巨大的资源浪费。将废塑料用于高炉喷吹代替煤、油和焦，用于水泥回转窑代替煤烧制水泥，以及制成垃圾固形燃料(RDF)用于发电，效果理想。高炉喷吹废塑料技术也是利用废塑料的高热值，将废塑料作为原料制成适宜粒度喷入高炉，来取代焦炭或煤粉的一项处理废塑料的新方法。国外高炉喷吹废塑料应用表明，废塑料的利用率达 80%，排放量为焚烧量的 0.1%—1.0%，产生的有害气体少，处理费用较低。高炉喷吹废塑料技术为废塑料的综合利用和治理"白色污染"开辟了一条新途径，也为冶金企业节能增效提供了一种新手段。德国、日本从 1995 年就已有成功的应用。

发电：垃圾固形燃料发电最早在美国应用，并已有 RDF 发电站 37 处，占垃圾发电站的 21.6%。日本已经意识到废塑料发电的巨大潜力。日本已将一些小垃圾焚烧站改为 RDF 生产站，以便集中后进行连续高效规模发电，发电效率由原来的 15% 提高到 20%—25%。

油化：由于塑料是石油化工的产物，从化学结构上看，塑料为高分子碳氢化合物，而汽油、柴油则是低分子碳氢化合物。因此，将废塑料转化为燃油是完全可能的。也是当前研究的重点领域。国内外在这方面均已取得一些可喜的成绩，如日本的富士回收技术公司，利用塑料油化技术，从 1 千克废塑料中回收 0.6 升汽油，0.21 升柴油和 0.21 升煤油，他们还投入 18 亿日元建成再生利用废塑料油化厂，日处理 10 吨废塑料，再生出 1 万升燃料油，美国肯塔基大学发明了一种把废塑料转化为燃油的高技术，出油率高达 86%，中国北京、海南、四川等地均有关于塑料转化为燃油研究成果的报道。

建筑应用：利用废塑料和粉煤灰制造建筑用瓦对废塑料的清洗要求并不十分严格，各种废塑料都不同程度地附着污垢，一般须加以清洗，否则会影响产品质量，有利于工业化应用中的实际操作，向塑料中加入适当的填料可降低成本，降低成型收缩率，提高强度和硬度，提高耐热性和尺寸稳定性，从经济和环境角度综合考虑，选择粉煤灰、石墨和碳酸钙作填料是较好的选择，粉煤炭表面积很大，塑料与其具有良好的结合力，可保证瓦片具有较高的强度和较长的使用寿命。

合成新材料：实验表明，这种合成材料与沥青按比例混合后可以用来铺路，增加路面的坚硬程度，减少碾压痕迹的出现，还可以制成隔热材料而广泛用于建筑物上。科学家们使用该项新技术能将塑料垃圾加工成一种新型合成材料。专家认为，该技术是塑料垃圾转化为新的工业原料，不仅在环保方面意义重大，而且还能够减少石油、天然气等初级能源的使用，达到节约能源的目的。

十、板书设计

生活垃圾的处置——回收

可回收物 { 纸　塑料　玻璃　金属　织物 }

十一、参考资料

[1]《垃圾分类知识读本》编委会,《垃圾分类知识读本》,福建科学技术出版社，2019年.

[2] 福州市城市管理委员会、福州市教育局,《福州市垃圾分类知识读本》,福建教育出版社，2018年.

[3]《小学科学教学参考书》三年级上册，江苏凤凰教育出版社.

[4]《废旧塑料袋的回收与再利用》，http://www.sohu.com/a/258769504_100146005.

主题十

生活垃圾的处置——填埋

一、教学内容

（1）学生以小组为单位，对生活垃圾填埋进行调查研究。

（2）学生分小组开展研究：①了解生活垃圾填埋的概念及注意事项。②了解生活垃圾填埋的处理技术。③了解生活垃圾填埋的流程。④了解生活垃圾填埋的利与弊。

（3）学生分组展开辩论，讨论生活垃圾填埋的利与弊。

（4）交流分享、反思总结，积累经验。

二、教学理念

本主题所涉及的是环境保护的生活垃圾处理的填埋问题，让学生通过调查研究亲身体验到生活垃圾处置填埋的真实情况，通过小组辩论意识到社会环保问题的严峻性，增强社会责任感，同时掌握了解事物的方法。活动更是对学生的合作、分工的一种考验，在活动中，学生的人际交往能力、文明礼貌等人文素养进一步提升。

三、教学目标

（1）知道生活垃圾卫生填埋的概念。

（2）知道生活垃圾卫生填埋的技术和处理流程。

（3）了解当代垃圾填埋场，分析找出仍然存在的问题，知道垃圾填埋场处理垃圾的利与弊。

（4）了解人类活动对环境的影响、环境保护的重要性，培养学生环境保护意识，并能够从身边的点滴小事做起，开展环境保护行动。

四、教学重点

（1）知道生活垃圾卫生填埋的概念。

（2）知道生活垃圾卫生填埋的技术和处理流程。

五、教学难点

（1）了解当代垃圾填埋场，分析找出仍然存在的问题，知道垃圾填埋场处理垃圾的利与弊。

（2）了解人类活动对环境的影响、环境保护的重要性，培养学生环境保护意识，并能够从身边的点滴小事做起，开展环境保护行动。

六、教学策略

（1）课前调查活动，教师引导学生做好学习准备。

（2）课中进行交流分享、以小组辩论的方式展开学习，促进思维碰撞和争鸣，引导了解垃圾填埋具有两面性。

（3）课后延伸活动，以小组为单位，拓展认识，做好分享与反思。

七、教学准备

教师：课件。

学生：事先考察、访谈、调查生活垃圾填埋场和处理情况。

八、课时建议

本主题建议安排2课时。

九、教学过程

（一）新课导入

教师：同学们，在课前你们已经做过相关的调查，知道垃圾填埋可不是简单挖个坑把垃圾埋起来，所以关于垃圾的填埋处置还有许多值得我们注意和学习的地方，今天我们大家就一起来深入了解。

（二）主题探究

1. 了解垃圾填埋

（1）认识垃圾填埋。

教师：垃圾填埋仍然是我国大多数城市解决生活垃圾出路的最主要方法，你们知道什么是生活垃圾的卫生填埋吗？有什么需要我们注意的地方呢？

学生交流分享课前的调查，包括：简易的垃圾填埋与垃圾卫生填埋的区别；垃圾卫生填埋的处理；垃圾卫生填埋的注意事项；等等。

教师总结：过去一些地方对生活垃圾的处理是直接利用自然沟地对生活垃圾进行填埋，再用土壤覆盖，但是这样不能从根本上解决污染控制。简单填埋垃圾并没有对垃圾进行无害化处理，垃圾里的有害物质会对土壤、地下水体、大气等环境造成极大污染，危害人体健康，所以这种填埋方式是不可取的。而垃圾卫生填埋，是指对城市垃圾和废物在卫生填埋场进行的填埋处置。为防止对环境造成污染，还需要采取适当防护措施，有完善的垃圾渗滤液等处理系统，让被垃圾与环境生态系统最大限度的隔绝，因为这种这种处置方式是基于环境卫生角度，所以称为"卫生填埋"。垃圾卫生填埋是我国解决垃圾污染最主要和最常见的垃圾处置方式。

教师出示垃圾填埋图片。

主题十 生活垃圾的处置——填埋

教师播放视频资料《什么是生活垃圾卫生填埋》（推荐资料来源：https://v.qq.com/x/page/r0390nvl0ui.html）。

教师引导学生通过图片和视频了解垃圾填埋。

（2）垃圾填埋处理技术。

教师讲解垃圾填埋的注意事项。

教师：我们已经知道了什么是垃圾卫生填埋，那么在卫生填埋的过程中还需要注意什么呢？

学生讨论后反馈。

教师：垃圾卫生填埋最重要的就是要防止垃圾再次污染我们身边的环境，所以安全防线很重要！哪些安全防线可以减少垃圾填埋造成的污染呢？首先是防渗过滤系统和污水分流系统，其次是地下水检测系统，最后是覆盖和封场系统与环境监测。

教师出示垃圾填埋渗滤液处理图，并简要讲解。

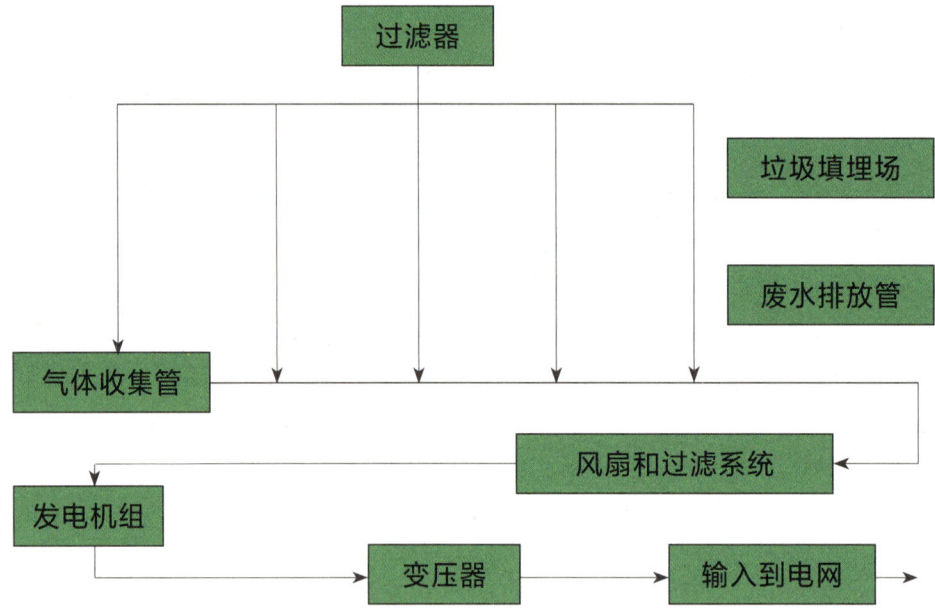

教师播放视频资料《卫生填埋场介绍》（推荐视频来源：https://v.qq.com/x/page/u0897iggvdl.html）。

教师引导学生观看视频，从中获取有效信息，交流总结。

（3）垃圾填埋的流程。

学生交流分享课前了解的垃圾填埋流程。

教师总结垃圾填埋的流程：计量（称重）→倾斜（倾倒）→摊平→消毒→压实→覆土→灭蝇→沼气导排→渗滤液导入调节水池。

教师讲解：垃圾进入垃圾填埋厂后首先要给垃圾进行称重。然后导入填埋区域，在填埋场地上，先铺一层厚约60厘米的垃圾，压实后再铺上一层厚约15厘米的松土、沙或粉煤灰等的覆盖层，以避免鼠蝇滋生，并可使产生的气体逸出，防止起火。然后依此逐层用土将垃圾分隔在夹层结构中。覆以表土，以便栽种植物。系将回填垃圾的水收集滤沥，循环使用，使垃圾保持潮湿，从而加速有机成分的厌氧分解，使填埋物较快地下沉。在填埋的土地上，一般 20 年内不应建造房屋。回填场地只能作为公园、绿化地、农田或牧场的用地。

教师出示图片，并简要讲解。

教师播放视频资料《解密垃圾填埋场》（推荐视频来源：http://tv.cntv.cn/video/C11356/af95cc4d97794cd29e61a08df30252f9）。

教师引导学生观看视频，从中获取有效信息，交流总结。

2. 分析垃圾填埋的利与弊

学生以辩论的方式展开讨论。

正方：垃圾卫生填埋利大于弊。

反方：垃圾卫生填埋弊大于利。

学生分组辩论。

教师概括学生辩论中的主要观点和论据：垃圾的卫生填埋成本低、操作简单、处理量大，是经济实惠的垃圾处理方法，但是也由于填埋场占地面积大，大量的有机物和混入的一些有害物质，增大了填埋场渗滤液防渗透、收集处理系统的负荷，也会对周边的环境造成污染，也存在着发生事故的风险，有较大的安全隐患，所以垃圾的卫生填埋处置是一把双刃剑。

教师根据学生的辩论情况，出示资料，补充论据，引导学生阅读、思考和讨论。

垃圾填埋仍然是我国大多数城市解决生活垃圾出路的最主要方法，但是垃圾填埋有利有弊。

垃圾填埋的优点：技术成熟，处理费用低，投资较少，工艺简单，处理量大。

垃圾填埋的缺点：填埋的垃圾并没有进行无害化处理，残留着大量的细菌、病毒；还潜伏着沼气重金属污染等隐患；其垃圾渗漏液还会长久地污染地下水资源，所以，这种方法潜藏着极大危害，会给子孙后代带来无穷的后患。这种方法不仅没有实现垃圾的资源化处理，而且大量占用土地是把污染源留存给子孙后代的危险做法。

(三)总结评价

教师：同学们在这次垃圾填埋处理的调查学习中你们都有什么收获吗？如对垃圾填埋有了哪些新的认识？对于解决垃圾填埋有了什么新见解？在调查的过程中遇到了什么问题、困难？如何解决的？请大家展示分享本次的收获吧！

---

1. 我们小组调查的是：
   _____

2. 我们小组获得的经验是：
   _____

3. 活动中最难忘的是：
   _____

4. 下次调查我们可以这样改进：
   _____

每个小组上台展示。

教师总结：根据我们这几节课学习到的知识，大家对生活垃圾的处置——填埋有了更加深入的了解，知道了填埋垃圾同时也都对环境有影响，所以我们在以后的生活中，要减少生活垃圾的产生，把垃圾分类存放，回收利用，尽量减少对环境的污染，与自然和谐相处，课后继续完成你们的调查报告。

---

1. 调查的具体目标：
   _____

2. 调查方法：
   _____

3. 调查结果分析：
_____

4. 调查结果反思：
_____

(四) 课后拓展

1. 福州市红庙岭垃圾综合处理场

教师：同学们在课前了解过福州红庙岭垃圾填埋场吗？

学生反馈。

教师：福州市红庙岭垃圾综合处理场位于福州晋安区北峰红庙岭，南距市中心17千米。红庙岭垃圾填埋场于1995年建成投入使用，一期累计填埋处理生活垃圾约900万吨。现在的一期填埋场已被填满，在实施封场并进行生态的修复工作。现在使用的二期填埋场预计也只能使用到2026年。

教师出示资料，引导学生阅读、思考、讨论。

如何对垃圾填埋场进行无害化处理，并修复改造成生态公园呢？

福州红庙岭垃圾综合处理场三期、四期工程建设的施工方介绍了详细步骤：第一，由于垃圾堆体是流动、不稳定的，首先要通过灌浆将垃圾稳定住。第二，进行堆体整形、层层压实，将其中的渗沥液及沼气等有害物质导排出来进行环保处理。第三，填埋场有个60万吨的污泥塘含水率高，会影响整个项目安全，也要进行稳定处理。第四，在整形过的垃圾上方进行防渗系统施工，包括土层、隔水层、导气层等隔离。第五，覆自然土，进行植被修复，大量种草和灌木。

2017年，每天运至红庙岭的生活垃圾约5000吨，其中约40%进行焚烧处理，约60%在二期填埋场填埋。2018年，红庙岭垃圾焚烧发电工程三期竣工，同时启动垃圾焚烧发电四期工程，并于2019年底前建成。垃圾焚烧发电厂污染物的监测与福建省环保厅、国家环保部的监控联网，如果污染物超标，系统会自动报警。2020年，福州五城区生活垃圾将100%焚烧发电，实现无害化处理、资源化利用，达到"使福州市在全国省会城市中率先达到生活垃圾全部焚烧处理、零填埋"的目标要求。

2. 垃圾填埋场地的选择

教师：了解红庙岭垃圾场之后，有的同学会有疑问，为什么垃圾场要建在红庙岭呢？那么我们来了解垃圾填埋场地是如何选出来的。

教师出示资料，引导学生阅读、思考、讨论。

填埋技术的特点是操作简单，可以处理所有种类的垃圾。但占地面积大，同时存在严重的二次污染，例如垃圾渗出液会污染地下水及土壤，垃圾堆放产生的臭气严重影响场地周边的空气质量，另外，垃圾发酵产生的甲烷气体是火灾及爆炸隐患，排放到大气中又会产生温室效应。有的城市已经认识到这一问题，建立了一批具有较高水平的卫生填埋厂，较好地解决了二次污染问题，但建设投资大，运行费用（包括规范的填埋、渗出液处理及甲烷收集利用等）高。最关键的是填埋厂处理能力有限，服务期满后仍需投资建设新的填埋场，进一步占用土地资源。

垃圾填埋场地的选择是卫生土地填埋场全面设计规划的关键，通常要遵循两条原则：一是场地能满足防止污染的需要，二是经济合理。

一般要考虑以下因素：

垃圾：废弃物的成分，废弃物的日处理量和排放方式及填埋的卫生要求。

地形：要便于施工，避开洼地，泄水能力要强，可处置至少二十年填埋的废物量。

土壤：要容易取得覆盖土壤，土壤容易压实，防渗能力强。

气候：能蒸发大雨降水，避开高寒区。

噪音：运输及操作设备噪音不影响附近居民的工作和休息。

交通：要方便，具有能够在各种气候下运输的全天候公路。

距离与方位：运输距离适宜，位于城市的下风向。

土地征用：要容易征得，比较经济。

开发：便于开发利用。

3. 垃圾填埋场对周边居民的危害

教师：如果居民住在垃圾填埋场周边，那么他们的身体健康可能会遭受损害。

教师出示资料，引导学生阅读、思考、讨论。

垃圾填埋场填埋气中含有有毒气体，能够危害人体健康，妨碍作物生长。气体中的恶臭通过嗅觉系统影响周边居民的健康：恶臭污染除了对嗅觉产生影响引起心理厌恶等不愉快的感觉外，还会引起身体上的不适。常见的症状有恶心、头痛、食欲不振、嗅觉失调、情绪不稳定、失眠、诱发哮喘。长期暴露于含硫恶臭化合物的人群中，咳嗽、呼吸急促、气喘和头痛的发生率比较高。当含硫化氢恶臭气体达到一定浓度时，可造成人体短时间神志不清、呼吸停止而死亡。而且臭气中所含的某些物质兼有恶臭污染和有害气体污染的两重性，对人体具有毒害作用。

4. 垃圾填埋的难题

教师：我们在前面了解了垃圾填埋的利弊，再来看看目前我国垃圾填埋产生了哪些难以解决的问题。

教师出示资料，引导学生阅读、思考、讨论。

中国除县城之外的668个城市中，有2/3的城市处于垃圾包围之中，全国城市垃圾堆存累计侵占土地超过5亿平方米，每年的经济损失高达300亿元。全国城市生活垃圾累计堆存量已达70亿吨，在城市的周边形成了一个个垃圾堆甚至"垃圾山"。全国1/4的城市已基本没有垃圾填埋堆放场地。"垃圾围城"问题虽早就提出，但一直没得到有效解决，很多城市都在垃圾处理问题上走了弯路，当时只是简单堆放、填埋，给日后发展埋下了隐患。堆积如山的垃圾如一颗巨型"炸弹"，潜伏在城市地下。全国各大城市都面临同样的窘境。

北京日产垃圾量为1.84万吨,现有的垃圾处理设施日处理能力仅为1.04万吨,垃圾处理设施全部超负荷运行,超负荷率达到67%。

广州同样面临严峻的"垃圾危机"。自1999年以来,广州生活垃圾总量十年翻了一番,每天产生的生活垃圾近1.8万吨,进入终处理的仍有1.2万吨。这个数字每年还在以5%—7%的速度在增长。

深圳市日产垃圾已超过12000吨,其焚烧处理率逾43%,土地紧张比广州更为严峻。

十、板书设计

生活垃圾的处置——填埋

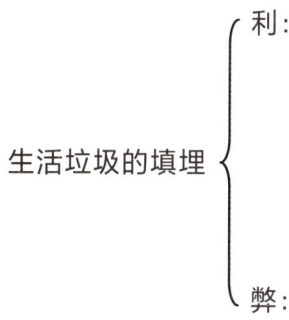

十一、参考资料

[1]《红庙岭一期填埋场将变生态公园 五城区生活垃圾将全部无害化处理》,福州市晋安区人民政府,http://jaq.fuzhou.gov.cn/xjwz/zwgk/gzdt/jadt/201712/t20171225_1943109.htm.

[2]《垃圾填埋》,百度百科,https://baike.baidu.com/item/垃圾填埋/1520233?fr=aladdin.

[3]《国内最大垃圾填埋场将被填满》,中研网,http://www.chinairn.com/news/20190823/110230605.shtml.

[4]《城市垃圾填埋》,百度百科,https://baike.baidu.com/item/城市垃圾填埋/5048443.

主题十一

生活垃圾的处置——焚烧

一、教学内容

（1）学生以小组为单位，对生活垃圾焚烧进行调查研究。

（2）学生分小组开展研究：①了解生活垃圾焚烧的概念及注意事项。②了解生活垃圾焚烧的原理。③了解生活垃圾焚烧的流程。④了解生活垃圾焚烧的利与弊。

（3）学生分组展开辩论，讨论生活垃圾焚烧的利与弊。

（4）交流分享、反思总结，积累经验。

二、教学理念

本主题所涉及的是环境保护的生活垃圾处理的焚烧问题，让学生通过调查研究亲身体验到生活垃圾处置焚烧的真实情况，通过小组辩论意识到社会环保问题的严峻性，增强社会责任感，同时掌握了解事物的方法。活动更是对学生的合作、分工的一种考验，在活动中，学生的人际交往能力、文明礼貌的人文素养进一步提升。

三、教学目标

（1）知道生活垃圾卫生焚烧的概念及注意事项。

（2）了解生活垃圾焚烧的原理和流程。

（3）了解当代垃圾焚烧发电，分析找出仍然存在的问题，知道垃圾焚烧处理垃圾的利与弊。

（4）了解人类活动对环境的影响、环境保护的重要性，培养学生环境保护意识，并能够从身边的点滴小事做起，开展环境保护行动。

四、教学重点

（1）知道生活垃圾卫生焚烧的概念及注意事项。

（2）了解生活垃圾焚烧的原理和流程。

五、教学难点

（1）了解当代垃圾焚烧发电，分析找出仍然存在的问题，知道垃圾焚烧处理垃圾的利与弊。

（2）了解人类活动对环境的影响、环境保护的重要性，培养学生环境保护意识，并能够从身边的点滴小事做起，开展环境保护行动。

六、教学策略

（1）课前调查活动，教师引导学生做好学习准备。

（2）课中进行交流分享、以小组辩论的方式展开学习，促进思维碰撞和争鸣，引导了解垃圾焚烧具有两面性。

（3）课后延伸活动，以小组为单位，拓展认识，做好分享与反思。

七、教学准备

教师：课件。

学生：事先考察、访谈、调查生活垃圾焚烧场和处理情况。

垃圾分类教师手册

 八、课时建议

本主题建议安排 2 课时。

 九、教学过程

■■ **（一）新课导入**

教师：同学们，在课前你们已经做过相应的调查，你们通过课前的了解知道垃圾处置的方式还有焚烧，请大家来谈谈垃圾为什么要焚烧处理呢？你们知道垃圾具体是怎么焚烧处理的吗？

学生讨论后反馈。

■■ **（二）主题探究**

1. 了解垃圾焚烧

（1）认识垃圾焚烧。

学生交流分享课前的调查。

学生可以交流课前调查到的知识，如：什么是垃圾焚烧处理；如何进行垃圾焚烧处理；焚烧垃圾可以发电；垃圾焚烧处理的注意事项；等等。

教师总结：垃圾焚烧是一种既能减少垃圾体积又能利用热能发电的先进技术。在深圳有一座垃圾焚烧发电厂，到了这里你可以喝咖啡看风景，这就是"最红"垃圾焚烧发电厂——盐田能源生态园，被广东省环境卫生协会评为"最美生活垃圾焚烧厂"。

教师补充视频资料《深圳最美垃圾焚烧厂》（推荐视频资料来源：https://www.pearvideo.com/video_1589704）。

（2）垃圾焚烧的原理及技术。

教师讲解垃圾焚烧的原理：垃圾焚烧是将垃圾中的有机可燃物与空气中的氧气在高温条件下发生化学反应，放出热量、产生废气并排除残渣的过程。

在垃圾焚烧炉内，通过高温焚烧，产生热能和电能，实现垃圾处理的资源化。在这个过程中，需要保证垃圾焚烧设施配有烟气处理设施，能防止重金属、有机类污染物等再次排入环境。烟气净化系统主包括喷雾塔、布袋除尘器、石灰浆制备系统、活性炭喷射系统、烟气排放系统等。

教师出示垃圾焚烧炉图片并讲解。

教师播放视频资料《中国建世界最大垃圾焚烧厂》（推荐视频资料来源https://v.qq.com/x/page/t0921tarolg.html）。

教师引导学生通过图片和视频了解垃圾焚烧。

（3）垃圾焚烧的流程。

学生交流分享，谈课前了解的垃圾焚烧流程。

教师总结垃圾焚烧的流程：首先垃圾通过密封垃圾车运至垃圾焚烧厂，称重后导入密封的垃圾池存储，在垃圾池中停放5—7天，进行自然发酵脱水，在这和过程中分解出沼气和污水，产生的沼气会进入焚烧炉辅助焚烧，而污水则会被进行净化处理。垃圾经过脱水处理后就可以进炉焚烧。在燃烧过程中燃烧炉始终稳定运行在850℃的高温，产生的烟气会在此环境下停留一会儿，这样能确保二噁英的完全分解，烟气经过专门设计的系统，可以有效降低氮氧化物的排放浓度。焚烧后的烟气中可能还会有一些酸性物质，脱酸塔中的碱性物质可以去除这些有害的酸性物质，防止酸雨产生。垃圾焚烧产生的热能，还可以供热及发电。你们知道吗？平均五个家庭产生的生活垃圾焚烧后产生的电就可以满足一个家庭的日常生活用电需求，真是太厉害了！

教师出示垃圾焚烧厂内部图片并讲解。

教师播放视频资料《垃圾焚烧发电之旅》（推荐视频资料来源：http://n.miaopai.com/media/nlQtJhAaWWBx8nfUGiRKnMmFAJHe9He4）。

教师引导学生通过图片和视频了解垃圾从焚烧到发电的过程。

2. 分析垃圾焚烧的利与弊

学生以辩论的方式展开讨论。

正方：垃圾焚烧利大于弊。

反方：垃圾焚烧大于利。

学生分组辩论。

教师概括学生辩论中的主要观点和论据：垃圾用焚烧法处理后，减量化效果显著，节省用地，还可消灭各种病原体，将有毒有害物质转化为无害物，故垃圾焚烧法已成为城市垃圾处理的主要方法之一，然而垃圾焚烧所伴随的社会问题也接踵而至，其中最令人深恶痛绝的便是二噁英污染问题。生活垃圾焚烧烟气中的二噁英是近几年来世界各国所普遍关心的问题。二噁英类剧毒物质对环境造成很大危害，有效控制二噁英类物质的产生与扩散，直接关系到垃圾焚烧及垃圾发电技术的推广和应用。所以垃圾的卫生焚烧处置是一把双刃剑。

教师播放视频资料《两座垃圾焚烧发电厂可解决80万居民一年生活用》（推荐视频资料来源：https://www.bilibili.com/video/av66472951/?redirectFrom=h5）。

教师结合视频介绍垃圾焚烧发电厂。

■■（三）总结评价

教师：同学们在这次垃圾焚烧处理的调查学习中你们都有什么收获吗？如对垃圾焚烧有了哪些新的认识？对于解决垃圾分类回收有了什么新见解？在调查的过程中遇到了什么问题、困难？如何解决？请大家展示分享本次的收获吧！

1. 我们小组调查的是：
_____

2. 我们小组获得的经验是：
_____

3. 活动中最难忘的是：
_____

4. 下次调查可以这样改进：
_____

各组上台展示。

教师总结：通过我们这几节课的学习，大家对生活垃圾的处置——焚烧有了更加深入的了解，知道了焚烧垃圾对环境还是有影响，所以我们在以后的生活中，要减少生活垃圾的产生，把垃圾分类存放，回收利用，尽量减少对环境的污染，与自然和谐相处，课后继续完成你们的调查报告。

1. 调查的具体目标：
_____

2. 调查方法：
_____

3. 调查结果分析：
_____

4. 调查结果反思：
_____

（四）课后拓展

1. 深圳垃圾焚烧发电四朵"姐妹花"

教师出示资料，引导学生阅读、思考、讨论。

盐田垃圾发电厂、南山垃圾发电厂、宝安垃圾发电厂、老虎坑垃圾焚烧发电厂这四座垃圾焚烧发电厂，称得上是解决深圳城市生活垃圾"老大难"问题的四朵"姐妹花"。

2003年，盐田和南山垃圾发电厂同时运行，日处理城市生活垃圾分别为450吨和800吨。2005年，宝安垃圾焚烧发电厂运行，日处理城市生活垃圾1200吨。虽然这"三姐妹"每天满负荷工作，但仍挡不住深圳快速发展带来的垃圾量剧增。

2012年，宝安二期项目——老虎坑垃圾焚烧厂建成投产，日处理生活垃圾达到3000吨，比三个"姐姐"干的活加起来还多，也是目前国内日处理量最大的一座垃圾焚烧发电厂。2014年底，宝安二期工程获得了垃圾焚烧行业第一个国家优质工程金质奖。

走进厂区，一点也感觉不到传说中的噪音和垃圾味，倒是感觉进了一个充满绿意、伴有鸟鸣的公园。在集办公、运行监管、焚烧发电和废气控制多功能为一体的大型建筑内，其工作环境和空气质量不亚于城市里的商场、会展中心等公共设施。

全国在用垃圾焚烧发电厂中，老虎坑垃圾焚烧发电厂无论是处理能力还是上网电量均排名第一。但量大只是其一，质优才更可贵。宝安二期不仅每天能发电近280万千瓦·时，产生的蒸气还满足了旁边工业园100%的需要。垃圾不仅被无害化处理，也被资源化利用，使用严格的污染治理设施确保达标排放，且严于欧盟标准。这里采用了负压系统，将垃圾产生的臭气集中抽入焚烧炉燃烧。因此，无论是控制室、垃圾倾倒处，还是焚烧区，都闻不到垃圾的味道。

2. 东北最大的生活垃圾焚烧处理厂

教师出示资料，引导学生阅读、思考、讨论。

哈尔滨市双琦环保资源利用有限公司成立于2004年，是目前东北三省在运行的最大垃圾焚烧发电厂，是一座集垃圾分选、焚烧、余热发电于一体的资源综合处理示范厂。公司日处理生活垃圾能力为1600吨，是哈市重要的生活垃圾处理企业，年平均上网电量1.5亿千瓦·时，相当于每年节省6.19万吨标准煤。

这里每天要运来1600余吨生活垃圾，直接送到储存坑待烧。目前大部分垃圾都没有经过分类处理，混合着大量高水分的餐厨垃圾、腐烂水果和蔬菜，还有部分建筑垃圾。对垃圾处理厂来说，建筑垃圾不但降低热值，影响焚烧效率，更会对锅炉使用寿命有不同程度的损伤；厨余垃圾因为含水量高，不发酵无法正常焚烧。为了让垃圾充分发酵，运行难度和成本都在提升，特别是冬季成本更高。另外，处理厂还要对垃圾发酵产生的臭味进行专项防治。站在近6层楼高的垃圾储存坑上的操作间里，这个坑的容积约为3万吨，每天运来的垃圾在这里进行发酵后，才能进入焚烧炉。夏季，生活垃圾需要在储存坑内发酵3—5天，再由两个抓载达7吨的铁爪抓起，投入焚烧炉内。

在夏天还好，但是哈尔滨冬天气温达-30℃，混杂在垃圾里的厨余垃圾的水分结冰，垃圾冻成坨，无法正常发酵，成为北方地区垃圾焚烧厂普遍面临的行业难题。如果垃圾不能完成发酵并去除渗沥液，就会降低入炉垃圾的热值，增加处理时间和成本，降低垃圾处理能力。

目前公司已经形成了比较系统有效的处理技术，采取垃圾覆膜、蒸汽、渗滤液回喷等综合措施确保垃圾有效发酵，该技术在国内领先。但即便是如此，冬季垃圾发酵的时间也要在10天左右。如果垃圾进处理厂前能够分类，就可以有效提高垃圾处理的效率，降低冬季运行难度及成本投入。

相比以前的填埋处理方法，焚烧处理是目前全球比较主流的垃圾处理方式。这种方式不仅可以有效解决垃圾填埋带来的占用土地、影响生态环境等问题，同时也为北方冬季有供暖需求的企业提供清洁能源。

十、板书设计

生活垃圾的处置——焚烧

生活垃圾的焚烧处置 ⎰ 利：
⎱ 弊：

十一、参考资料

[1]《带你走进深圳垃圾焚烧发电四朵"姐妹花",长啥样?》,腾讯网,https://new.qq.com/omn/20190418/20190418A03Y0T.html.

[2]《探秘东北最大生活垃圾焚烧处理厂》,哈尔滨新闻网,https://baijiahao.baidu.com/s?id=1638264156227067963&wfr=spider&for=pc.

主题十二 乡村生活垃圾分类

一、教学内容

（1）学生通过寻找生活中的垃圾，建立"乡村垃圾"的概念，对乡村垃圾和城市垃圾进行垃圾种类的对比，从而发现乡村垃圾与城市垃圾的不同。

（2）学生通过数据体会乡村垃圾数量惊人，进而以小组为单位讨论垃圾随意投放对社会产生的危害性。记录一天家庭所产生的垃圾，思考减少垃圾产生的办法，形成资源节约、保护环境的意识。

（3）学生了解乡村现行的垃圾分类管理办法，知晓垃圾分类的种类和回收处理方式，掌握正确进行垃圾分类的方法。

（4）学生对当地乡村垃圾分类地实施进行现状调查，调查垃圾分类过程中的优点与不足，并有针对性地提出相应的改进方法，形成调查报告。

二、教学理念

实行垃圾分类，关系广大人民群众生活环境，关系节约使用资源，也是社会文明水平的一个重要体现，已经上升至国家战略高度。推行垃圾分类工作需要长期观念的转变和良好习惯的养成，应认识到对广大中小学生进行教育引导工作的重要性与必要性，且垃圾分类受地域影响，我们希望乡村的中小学生可以认识到乡村垃圾的特殊性，并发挥主人翁意识行动起来一起来为改善生活环境作努力，一起来为绿色发展、可持续发展作贡献。

三、教学目标

（1）学生形成"乡村垃圾"的概念，了解乡村垃圾相较城市垃圾的特殊性。

（2）学生知道垃圾随意堆放对社会产生的危害性，尝试从源头减少垃圾的产生，知道进村垃圾分类的方法并了解各类垃圾的回收处理方式。

（3）通过对当地乡村垃圾分类地实施现状调查形成调查报告，激发学生的主人翁意识，形成资源节约、保护环境的意识，为绿色发展、可持续发展作贡献。

四、教学重点

学生知道垃圾随意堆放对社会的危害性，掌握乡村垃圾分类的特点和要点，正确进行乡村生活垃圾分类，了解其相应的回收处理方式。

五、教学难点

学生思考自身在日常生活中减少垃圾产生方式，进行调查活动时要及时记录实践中发现的现状与问题，反思出现问题的原因并能提出改进方案。

六、教学策略

（1）课前调查活动，教师引导学生留意身边的垃圾分类工作做好学习准备。

（2）课中进行交流分享、生活垃圾分类等活动。创设有趣的学习情境，激发学习兴趣，充分展开课堂；讨论与思考活动，促进思维碰撞和争鸣，从而多方面学习垃圾分类的知识；同时开展调查研究活动，帮助形成调研分析的规范与精神。

（3）课后延伸活动，学生将所学的知识进行分享交流，并鼓励学生成为垃圾分类知识的传播者，制作宣传手册在学校和乡村中进行分发与展示，学以致用。

七、教学准备

教师：课件、垃圾分类学习卡片。

学生：事先考察、访谈、调查乡村生活垃圾的种类以及危害。

八、课时建议

本主题建议安排 4 课时。

九、教学过程

（一）新课导入

教师：我们的教室中、家中以及生活中的各个场所都能见到这待在角落的垃圾桶，其中存放着我们无时无刻生产出的生活垃圾，看来我们已经无法与垃圾"分离"。那么，同学们，你们是否有注意到生活中都有哪些常见的垃圾呢？

学生就常见的垃圾进行交流。

（二）主题探究

1. 乡村垃圾的概念与特点

教师：厨余果皮、废旧的玻璃瓶和易拉罐、建筑废弃物、过期药品和废旧电池等都是我们在生产生活的过程中产生的废弃物，我们将这些"不要的东西"称为垃圾。由于生活环境与生活方式的不同，乡村和城市所产生的垃圾结构与种类也就不同，所以我们又将在乡村这一特定场所产生的垃圾定义为乡村垃圾。那么，乡村垃圾与城市垃圾究竟有何不同呢？

学生讨论后反馈。

教师总结：乡村垃圾与城市垃圾最大的不同就在于产生垃圾的生产活动，即来源上的不同。乡村垃圾按其来源可分为农业生产性垃圾、乡村生活垃圾、城乡企业建设垃圾三种。农业生产性垃圾主要包括畜禽粪便垃圾和农作物秸秆废弃物等；乡村生活垃圾主要包括农民日常生活中或为生活提供便利而产生的固体废物，如果皮、卫生纸等；城乡企业建设垃圾主要包括乡镇企业生产或运输中产生的固体废物污染。其中，农业生产性垃圾和城乡企业建设垃圾，就是由于乡村生活的特殊需要而产生的有别于城市的垃圾。

2. 乡村垃圾成堆的危害

教师：2017年全国乡村垃圾产生量为50.09亿吨，假设一个成年人的体重为50千克，那么2017年全国乡村产生的垃圾就相当于1000亿个成年人的体重。而乡村地区人口密度较小、布局分散、垃圾分布较为复杂。除少数村采用简易垃圾填埋外，大部分乡村垃圾都是随地堆放，主要倾倒地点是"六边"——路边、河边、村边、塘边、田边、屋边。同学们，发挥你的想象力，如果将这些垃圾全部堆积起来摆放在你的面前会是什么样的景象？

教师出示图片。

教师：在如此多的垃圾面前，你有什么感受？

学生交流感想。

教师：垃圾不仅仅会散发恶臭让人感到不适，它们还有许多方面的危害性。同学们知道垃圾还有哪些危害吗？

学生在班级的小组中讨论，分享交流结果。

教师总结：乡村垃圾可能会带来以下四大危害。

（1）损害土壤环境。部分垃圾随意堆放占用大面积的土地，影响工农业的生产，破坏地表植被。"白色"垃圾及一些建筑垃圾如在土壤中长期存留，不易降解，会影响土壤的肥力，降低土壤的活力，从而影响农作物的生长，导致粮食减产，严重影响了乡村社会经济的可持续发展。

（2）污染水体大气。一些固体废弃物在风里、水流等外力的作用下汇入河流会污染水源，造成乡村淡水资源短缺。一些生活垃圾的长期堆放或焚烧，会产生一些有害的气体，严重污染人们赖以生存的空气。

（3）危害人体健康。固体废弃物随意露天堆放，不加以处理，会繁殖大量有害病菌。固体废物中所含的有毒物质和病原体，可以通过各种渠道传播疾病，蚊蝇增多为细菌的滋生提供了条件，进而威胁人类健康。

（4）破坏生态平衡。一些持久性有机污染物在环境中难以降解，这类废弃物进入水体或渗入土壤中，将对生态环境也会造成长期不可低估的影响。残留毒害物质在动植物体内积蓄，会严重影响动植物的生长，生态平衡遭受严重破坏。

教师：如此可怕的垃圾，我们每个人都在不断地"制造"着。小朋友们，你们知道自己每天会产生哪些垃圾吗？请大家尝试记录一天的垃圾，再看一看有没有什么好点子可以减少这些垃圾的产生。

我一天的垃圾
记录者：_____　　　时间：_____
我的金点子：

各小组上台展示一天的垃圾记录表。

同学相互交流，相互补充，修改、形成减少生活垃圾的方法。

3. 乡村垃圾分类处理

教师：如此多的垃圾，并非都只能成为废物被抛弃。如果能按垃圾的不同成分、属性、利用价值、对环境的影响以及不同处理方式的要求，分成属性不同的若干种类，从而进行生活垃圾分类回收利用与处理。就能对其重新利用、变废为宝，实现垃圾减量化、资源化和无害化。

教师：现行的乡村垃圾分类办法根据乡村实际和简便易行原则采用"二次四分法"，每户人家对生活垃圾按是否会腐烂进行一次分类，分为可腐烂垃圾和不可腐烂垃圾。再由专业保洁员在此基础上进行二次分拣，将不可腐烂垃圾再分为可回收垃圾、有害垃圾和其他垃圾。同学们，你们知道如何正确进行垃圾分类吗？

学生分小组进行垃圾分类活动，将标有垃圾名称的卡片投入各类垃圾桶。

示例：

教师：看着大家分类时纠结的神情，可见垃圾分类并非易事。那么接下来我们就来学习怎样正确地给垃圾分类与回收处理。

（1）可腐烂垃圾。

可腐烂垃圾主要包括剩菜剩饭、菜叶果皮、腐烂瓜果、动物内脏、零食碎末等生活垃圾，以及作物秸秆、枯枝烂叶、谷壳、笋壳和动物粪便等生产垃圾。他们可采用生物发酵制肥资源化处理设施或太阳能垃圾减量化处理设施进行处理。

（2）不可腐烂垃圾。

不可腐烂垃圾包括可回收垃圾、有害垃圾、其他垃圾。

可回收垃圾：主要包括废纸、塑料、玻璃、金属和布料五大类。废纸主要包括报纸、图书、包装纸等。玻璃主要包括各种玻璃瓶、碎玻璃片等。金属物主要包括易拉罐、罐头盒等。可回收垃圾经回收后有废旧物品公司或转手废旧物品人员联系收购，一般由村卫生保洁员（分拣员）负责。

有害垃圾：主要包括电池、荧光灯管、灯泡、水银温度计、油漆桶、家电、过期药品和过期化妆品等。对环境危害较大的有害垃圾在集中收集后，交给具有相关资质的危废处置公司进行处理，其他一般的有害垃圾采用填埋处理。经处理后，不应对地表水、地下水和空气造成二次污染。

其他垃圾：主要包括除上述几类垃圾之外的受污染与无法再生的纸张、妇女卫生用品、破旧陶瓷品、烟头、渣土等难以回收利用的废弃物。他们需要运送至垃圾填埋场或转运到环保热电厂焚烧处理。

教师：学习了以上知识，请同学们看一看你们之前的分类正确吗？你能将其修改正确吗？

学生修改自己的垃圾分类，老师指导全班分类正确。

4. 垃圾分类实施现状调查

教师：学习了这么多有关乡村垃圾分类的知识，老师相信大家一定可以将自己平时生产的垃圾正确进行分类处理。但是要想全面实行垃圾分类，光靠我们个人的力量是不够的，还需要整个村庄集体的力量。那么，我们的乡村垃圾分类工作到底施行的效果如何呢？是否有不足之处？又该如何改进呢？今天我们就要成立几组乡村垃圾分类情况调查小组，调查我们所居住的村庄其垃圾分类进行的情况，并填写调查报告。

学生根据家庭地理位置等因素，自由组合成探究小组，调查所居住的村落当地垃圾分类情况，每组5—6人，推选出小组长，并根据自身的特长确定分工。

调查记录单

第_____小组　　　组长：_____　　　小组成员：_____

1. 我们小组调查的地区是：
   _____

2. 该地区的整体情况是：
   _____

3. 在垃圾分类中，该地区这些方面做得好：
   _____

4. 在垃圾分类中，该地区这些方面做得不足：
   _____

5. 小组对该地区提出改进建议有：
   _____

小组分工：_____
   _____

学生历经约一周的时间完成调查报告，并将自己的调查结果在班级进行分享。

教师根据学生的调查报告，补充资料并讲解。

示例：

教师出示农村堆肥图片，讲解乡村的可腐烂垃圾如何通过堆肥变成有用的物质，启发学生运用所学知识，开动脑筋，将垃圾变废为宝。

教师出示乡村垃圾露天焚烧的图片，引导学生讨论露天焚烧垃圾的危害。

学生讨论后反馈。

教师出示资料,讲解垃圾露天焚烧的危害。

露天焚烧垃圾向大气排放的有害污染物至少有20多种,焚烧所产生的灰渣中也富含污染物及重金属,这些物质还会随着雨水进入地下,污染土壤和地下水。

露天焚烧所产生的污染物,如果达到一定的浓度,会对人体健康产生严重危害。例如,二噁英类物质已被世界卫生组织下属的国际癌症研究所确定为致癌物,它同时也是许多严重慢性疾病和儿童出生缺陷的诱因。垃圾焚烧产生的氯化氢气体则可能引发肺水肿和呼吸道溃疡。附着有许多有毒物质的颗粒物可进入人体肺部,增加人们患呼吸道感染、哮喘及其他呼吸道疾病的概率。

(三)总结评价

班级评选出垃圾分类实施最优的乡村,以及调查活动开展得最好的小组。

教师总结:我们的乡村垃圾分类工作还有许多不足,我们的同学们是否愿意为垃圾分类工作贡献一份力量?老师希望大家能够组建垃圾分类宣传分队,作为小老师,将我们学习到的相关知识传播出去,口口相传,帮助我们的乡村垃圾治理活动,保护乡村环境,让山更美,水更清。

(四)课后拓展

教师组织各个垃圾分类知识宣传小分队制作宣传手册,作为宣传时派发的材料。并将宣传活动过程中的照片、宣传手册及活动感悟等材料,制作成垃圾分类知识宣传活动成果集,在学校及村委橱窗内展示。

十、板书设计

乡村生活垃圾分类

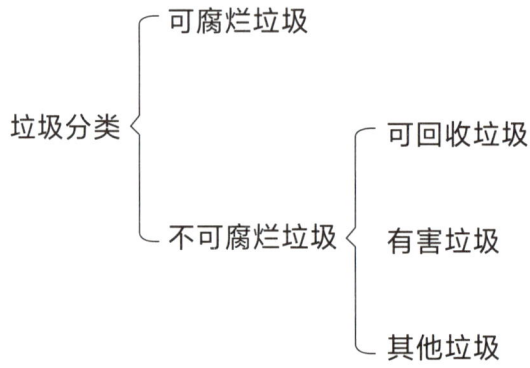

十一、参考资料

[1] 周勇，《农村垃圾治理现状及对策》，载于《农村新报》（特刊三农研究）2019 年．

[2]《农村生活垃圾分类处理方案》．

主题十三 变废为宝

一、教学内容

（1）通过课前调查了解家庭和学校一天产生的垃圾，引发思考：怎样才能减少垃圾的量，减轻垃圾对环境的污染，减少资源的浪费。真切感受垃圾分类成为当下势在必行的行动。

（2）结合资料，认识垃圾变废为宝的实用价值和意义，交流讨论变废为宝的办法。

（3）实践拓展活动：①家庭垃圾回收"大作战"。②设立班级垃圾回收中心。③创意巧手"整容师"。

二、教学理念

垃圾处理得当，完全可以变废为宝；处理不得法，则会对环境产生巨大威胁，给经济发展带来"后遗症"。针对垃圾处理这一难题，从变废为宝这一角度，激发学生在日常生活中有意识地将废弃物再利用，知道垃圾再生利用，既节约资源又减少污染，从而渗透环保意识和激发创作欲望，并带动家庭和社会一同参与，共建美好家园。

三、教学目标

（1）引导学生懂得垃圾分类、回收，再循环利用的意义。

（2）了解垃圾"变废为宝"的实用价值和意义。

（3）发挥自己的创意使垃圾变废为宝。

（4）树立学生环保意识，愿意在生活中做到正确地处理废弃物并能做到废物充分利用。

四、教学重点

引导学生懂得垃圾回收，再循环利用的意义。

 五、教学难点

如何创意使生活中的垃圾变废为宝。

 六、教学策略

讲解教授法、例证分析法、思考讨论法的有机结合。以活动为载体，引导学生对家里的生活中产生的垃圾进行调查、现场给垃圾分类、欣赏变废为宝的优秀作品等活动，活动中设计了讨论、汇报、教师评价、学生自我评价、学生之间相互评价等形式反馈学生活动的情况，让每个学生都参与到活动中，在活动中动脑动眼动四肢，在探索中获得成功的喜悦。整个活动过程给学生创造了获得必要的直接经验的机会，在体验、合作中提高了学生的综合能力。

 七、教学准备

教师：课件。

学生：事先考察、访谈、调查家庭、校园生活垃圾回收和处理情况。

八、课时建议

本主题建议安排 2 课时。

九、教学过程

（一）新课导入

教师用情景引出课题。

教师出示图片：不断剧增的垃圾正在挤占我们宝贵的生存空间。

教师：你见过类似的场景吗？说说你当时的感受。

学生课前调查家庭和学校一天产生多少垃圾并填写表格。课上，学生交流课前小调查。

一天产生的垃圾量			
场　　所	家	班级	学校
重　　量			

教师：调查统计后，你发现了什么？

学生讨论后反馈。

教师总结：透过一天的调查记录，我们能够看出，日常生活中家庭每一天都会产生很多的垃圾，有剩饭剩菜、果皮、菜叶等食物垃圾；有旧的书、本、报纸等旧物品；还有包装袋、杂物等垃圾，一个家庭都产生这么多垃圾，一个城市大家就可想而知了。

教师引导学生思考：怎样才能减少垃圾的量？减轻垃圾对环境的污染，减少资源的浪费呢？

学生讨论后反馈。

教师引出主题：减少垃圾——变废为宝。

（二）主题探究

1. 回顾与复习

教师结合资料，让学生们回顾之前学过的知识。

2019 年起，全国地级及以上城市全面启动生活垃圾分类工作，到 2020 年底 46 个重点城市将基本建成垃圾分类处理系统，2025 年底前全国地级及以上城市将基本建成垃圾分类处理系统。

教师：为什么说垃圾分类成为当下势在必行的行动？

学生讨论后反馈。

教师总结：第一，可避免生活垃圾中的有害成分污染环境。第二，充分利用现有物资和资源。第三，可以创造美好生活环境。因此，如果把垃圾在源头就分类放置，有的可以直接再利用，有的可以经过回收、加工而再利用，这样就能大大减少垃圾的量，还能让很多垃圾变为资源。

2. 小游戏"找一找"

教师：垃圾混置是垃圾，垃圾分类是资源。

教师出示资料（名人名言）。

习近平总书记说："垃圾是放错位置的资源，把垃圾资源化，化腐朽为神奇，是一门艺术。"

比尔·盖茨说："没有不能利用的垃圾，只有放错位置的资源，即废弃物，它可以作为一种资源，变废为宝。"

教师准备好道具，引导学生一起玩小游戏"找一找"。

教师：仔细找出以下垃圾哪些是可回收再利用的资源？

学生讨论后反馈。

教师根据学生的答案进行点评。

3. 变废为宝有价值

教师：调查垃圾分类回收后的价值，你知道多少呢？小组完成表格。

垃圾类别	回收价值

学生讨论后填表。

教师：我们通过前面的学习，知道可回收垃圾主要包括废纸、塑料、玻璃、金属和布料五大类。它们都具有废物利用的价值，那么可以用它们做什么呢？

学生讨论交流。

教师出示资料补充。

可回收垃圾直接送到有关厂里重新加工，废物利用。比如：1吨废纸可再造800公斤的好纸；回收电池可提取稀有金属锌、铜和二氧化锰；回收废塑料可以回炼为燃油。

教师：将可回收的垃圾回收再利用后又有价值了！接下来我们一起看看外国是如何让垃圾变废为宝的。

教师出示资料，引导学生阅读思考。

1974年，美国政府为清理自由女神像翻新时扔下的废料，公开向社会招标。但几个月过去了，没人应标。正在法国度假的一位犹太商人得知消息后，立即从巴黎飞往纽约，在仔细查看了女神像下堆积如山的垃圾后，未提任何条件便欣然签约。随后，犹太商人开始组织工人对垃圾进行分类：将废铜溶化，铸成小自由女神像；将废旧木块加工成铜像底座；废铅、废铝制作成纽约广场的钥匙……就连从女神像身上扫下来的尘土,都加工后包装起来出售给花店。不到 3 个月的时间,如山的垃圾创造出了 350 万美元的价值。这位犹太商人在清理女神废料中的做法和结果充分证明了这一点,对看似无用的垃圾进行回收利用,既减少了污染,又节约了能源,实现了环境效益和经济效益的双赢,可谓一举两得。

教师:建造自由女神像的废料竟然还能创造出这么大的价值,是不是让人大吃一惊?看过外国的例子,我们把目光投向国内,咱们中国也有很棒的变废为宝的例子。

教师出示图片。

教师:大家猜猜这是哪里?

学生反馈。

教师:这是上海世博会活动场馆!里面 1000 多张广场座椅,都是用回收来的废弃牛奶饮料盒加工而成。除了做成椅子,废弃牛奶盒中的一部分还摇身变成了公厕内的免费卫生纸。以 7000 万次参观世博会为基准,需要用掉生活用纸约 2000 吨,相当于 7000 立方米的木材。而使用牛奶饮料包装盒做成的环保生活用纸,可以使几万棵树木免于被砍伐。

教师：大家是不是很惊叹？有没有给我们一点启示呢？

学生讨论后反馈。

教师总结：废弃牛奶饮料盒可以加工为椅子、卫生纸；饮料盒做成的生活用纸可以拯救几万棵树木；平常出去购物尽量用自备的购物袋；打印要双面用纸；不使用一次性筷子；认真执行垃圾分类……大家都说得很好！

教师：除了可回收物之外，我们知道，还有哪一类垃圾能变废为宝？

学生反馈：厨余垃圾能堆肥发电……

教师：很好！厨余垃圾，如剩饭剩菜、蛋壳果皮、菜帮菜叶等，还可以堆积起来，使废弃物的纤维质和有机质腐化，变成肥料来改善土壤。

4.厨余垃圾的自诉

教师：接下来我们来听听厨余垃圾想说的话。

教师播放视频资料，讲述小故事。

在垃圾处理厂，我将用二十天的时间泡个热水澡，高温杀菌。

然后，我就变成了庄稼喜欢的有机肥料。

加入活性污泥或动物的粪便后，我在沼气池内会慢慢分解发酵，变成可以发电或烧火做饭的生物燃料——沼气。

教师：听了厨余垃圾的自述，你有什么感受？

学生讨论后反馈。

5. 变废为宝有办法

教师：是呀！只要我们动一动脑筋，就会发现，几乎所有的废品都有重复使用或者回收再利用的价值。那么如何变废为宝呢？同学们课前已经通过采访、调查、查阅资料等方式对变废为宝的办法有一定的了解，有的同学还通过表格或者思维导图的形式总结，接下来我们一起交流。

学生交流反馈。

教师根据学生的反馈进行归纳总结：

方法一：直接利用法，废弃物不加改造直接改为他用。

例如：①饮料瓶子、油桶用来盛米。②光盘当杯垫、反光板。③酒瓶当花瓶，茶杯用作花盆。④洗发露用来洗毛衣。

方法二：简单改造法，将废旧物品加以简单加工改造，使之成为新的物品或产品。

例如：①饮料瓶，在瓶盖上扎上小孔变成了浇花器。②把饮料瓶上面去除，在下面扎上小孔就可以用来倒剩茶。

方法三：回收利用法，将废旧物品（通常指工厂下脚料、废渣）进行回收、加工再利用。

例如：①纸浆渣养蚯蚓。②废纸加工成蛋托。

教师总结：同学们的办法都很好。针对有回收价值的垃圾，我们可以改变它自身的属性。对"废物"进行合理的加工、改造、拆分或重组，它就有可能释放潜在的使用价值，变成"宝物"。我们也可以改变它的外部条件。对于同一个事物，外部环境的不同可能导致其发生不同的发展方向。在某处被认为的"废物"，移到另一个地方就可能变成"宝物"。

（三）总结评价

教师：你能研究出以下废物三种以上再利用的方法吗？你还能选择哪些废弃物进行改造再利用呢？

教师引导学生讨论后记录下来。

废物再利用方法	
第_____小组　　时间：_____	
废弃物名称	新用法
废旧纸盒	1._____　2._____　3._____　4._____
饮料瓶	1._____　2._____　3._____　4._____
废报纸	1._____　2._____　3._____　4._____
……	

教师总结：保护环境，人人有责，垃圾回收，举手之劳，节约资源，变废为宝，人人都是创意巧手"整容师"。

■■（四）课后拓展

1. 家庭垃圾回收"大作战"

教师引导学生回家了解家庭每天产生哪些垃圾，并进行垃圾分类，制定回收计划和处理的办法。

2. 建立班级回收中心

（1）了解班级每天都会产生哪些垃圾。

学生搜集资料，交流反馈。

（2）学生分小组讨论如何建立垃圾回收中心。

教师引导学生整理出讨论中关注的几个问题，全班交流分享。

（3）小组汇报设计方案，全班推选出最好小组的方案，鼓励同学们课后实施。

3. 动手试一试

生活中有许多东西是可以回收利用的，也有许多东西可以制作成小玩具、小装饰。

学生以组为单位带来材料。

教师：请同学们取出一些废弃物，如旧报纸、易拉罐、塑料瓶、药盒、废布等。

学生拿出材料。

教师：请你发挥想象，可以用这些废弃物制作什么小物品呢？

学生在组内讨论、思考。

教师：选好了材料，也想好了要做什么东西，那就动手开始吧。

学生分组进行制作。

学生可以自己独立制作，也可以全组共同制作。

教师在学生制作的过程中巡视，提醒学生注意安全，帮助学生进行一些难度较大的制作，并维持纪律。对于速度较慢的学生要进行帮助和提醒。如果有的学生制作完成，可随时展示，及时表扬。

小物品做好后，教师引导学生展示作品，评出奖项。

作品举例：雪碧的瓶子改制成的花篮，旧报纸做的灯罩，碎布条做成的拖把，易拉罐做成的烟灰缸，没用的CD做成的装饰门帘，小药盒做成的针线盒。

教师：同学们的手真巧，原来我们可以用我们的双手变废为宝。请大家在自己的作品上写上宣传保护环境的话语！

学生完成后交流展示，师生共同评出最佳创意奖和优秀设计奖等若干奖项。

教师总结：每个人如果都能树立节约资源、保护环境的意识，那么我们的生活环境便会有绿水青山，有花香鸟鸣，我们的生活也会更加美好。

十、板书设计

变废为宝

分类　　回收　　不可回收
办法　　直接利用法
　　　　简单改造法
　　　　回收利用法
保护环境　　　人人有责

十一、参考资料

《道德与法制（四年级上册）》第四单元，人民教育出版社，2019年新部编版．

主题十四 做环保志愿者

一、教学内容

（1）学生以小组为单位，对环保志愿者服务内容进行需求调查，有针对性地制定服务计划，学习服务技能。

（2）学生分小组开展服务。①环保实践组：进行清除社区卫生死角，践行垃圾分类。②环保宣传组：通过设计宣传展板、发放自制宣传单、组织主题宣讲、编排情景剧进行表演等形式，向居民宣传垃圾分类的重要性及垃圾分类回收处理和利用的方法。③变废为宝组：带领小区居民、同龄人动手实践，变废为宝。④讲解指导组：接受居民咨询，为居民具体解决问题，对居民投放垃圾进行实地讲解指导。

（3）学生交流分享、反思总结，积累经验，将环保志愿者进行到底。

二、教学理念

环保教育是国家实施可持续发展战略的重要途径，是新时代背景下赋予学校教育的另一重要使命。我们开展"做环保志愿者"综合实践活动，是希望学生学习、弘扬和践行雷锋精神，在帮助他人、服务社会的公益活动中，丰富生活体验，进一步了解环境保护的重要性，提高环保意识，发挥宣传教育作用，达到"小手拉大手"的目的；并进一步感知，如果我们每一个人为他人、为社会的整洁环境尽一份力，就可以让更多的人感受社会的和谐、世界的美。

三、教学目标

（1）确定环保志愿服务的内容，根据志愿服务计划，学习志愿服务技能。

（2）积极宣传生活垃圾分类方法，用之前的学习研究成果去美化和改善我们的生活环境，为环境保护做出力所能及的贡献。

（3）树立社会服务的意识，激发主人翁责任感，不断提高语言表达能力、合作交流能力和实践创新能力。

四、教学重点

根据调研的需求，制订和完善志愿服务的方案，进行合理分工。

五、教学难点

学生参照方案参与服务实践，志愿服务过程中要及时记录实践过程和感受，并反思服务中出现的问题，能提出进一步服务的行动设想。

六、教学策略

（1）课前调查活动，教师引导学生做好学习准备。

（2）课中进行交流分享、制订环保服务计划等活动。创设真实的学习情境，激发学习兴趣，充分展开课堂。交互活动，促进思维碰撞和争鸣，引导了解环保志愿服务的多样性。

（3）课后延伸活动，以小组为单位，拓展认识，做好分享与反思，充实资源平台，再次服务。

七、教学准备

教师：课件。

学生：事先考察、访谈、调查小区生活垃圾收集和处理情况。

八、课时建议

本主题建议安排 3 课时。

九、教学过程

（一）新课导入

教师：同学们，在我们生活的周围，经常能看到身穿红色马甲的志愿者身影，他们给大家带来热情的服务和灿烂的笑容。前一段时间，经过一系列垃圾分类的学习实践活动，我们可以用我们的研究成果去为美化和改善生活环境，为环保做出自己力所能及的贡献，来传递我们的爱心。

教师出示宣传图片。

教师：你愿意成为一名环保志愿者吗？

学生谈感受。

■■（二）主题探究

1. 需求调研

教师：环保志愿者需要做些什么呢？

学生展开讨论。

教师小结：我们可以以小组为单位，走进志愿服务的小区，通过蹲点观察，了解居民垃圾分类回收的执行情况；可以实地听取居民的意见，了解居民本身是否已经清楚垃圾如何分类；还可以向物业管理处调查了解他们需要哪些方面的服务……

2. 组建服务团队

教师：通过实地考察、访谈、调查后，我们明确自己志愿服务的内容，建议可以分以下几组。

（1）环保实践组：清除社区卫生死角，践行垃圾分类。

（2）环保宣传组：设计宣传板报，发放宣传单，组织主题宣讲，编排情景剧进行表演等。

（3）变废为宝组：带领小区居民、同龄人动手实践，变废为宝。

（4）讲解指导组：接受居民咨询，为居民具体解决问题，对居民投放垃圾进行实地讲解指导。

教师：下面请同学们自主组建服务团队。

学生根据特长、家庭地理位置等因素，自由组合成小组，每组5—6人，并推选出组长。再以小组为单位，制作有特色的志愿服务团队队旗（包括个性化的名称、徽章标志、志愿口号等）。

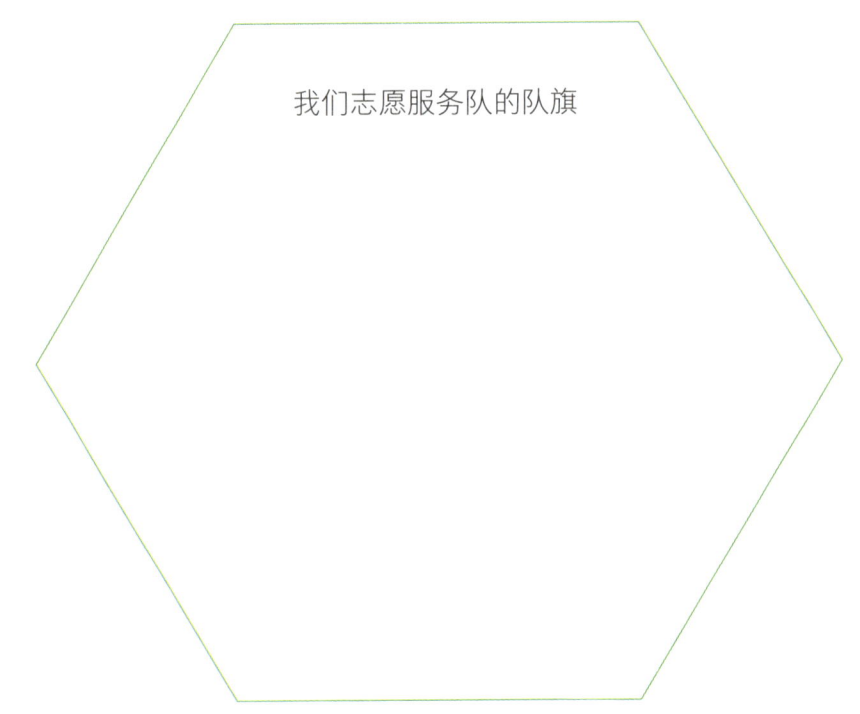

我们志愿服务队的队旗

我们设计的志愿者徽标（LOGO）

我们的志愿服务口号

垃圾分类教师手册

3. 制订服务计划

教师：凡事预则立。同学们在开展活动之前，要先制订服务计划，便于顺利地开展环保志愿者服务活动。下面，大家分组制订服务计划吧！

各小组共同讨论制订服务计划，强调服务计划要紧扣服务内容，循序渐进，小组讨论过程中，学生勇于发表自己的意见，勇于放弃自己不成熟的看法和意见。

环保志愿者服务计划
服务时间： _____
服务内容和准备： _____
任务分工及安全保护措施： _____
活动步骤： _____ _____
可能遇到的问题和解决方法： _____ _____
注意事项： _____

各小组上台展示制定的服务计划。其他同学认真听取，从活动时间安排是否合适、人员分工是否合理、活动内容安排是否具体可行、对预设困难的解决方法是否完备等方面提出疑问，汇报小组进行答疑。教师根据情况进行指导。

各小组修改完善活动方案。

教师小结：计划可以帮助我们有针对性地去服务，使活动更有效呢！

4.学习服务技能

教师：作为环保志愿者，我们需要具备哪些技能才能做好服务呢？查找相关资料，填好环保志愿服务技能培训表。各小组分头学起来，练起来吧！

小组名称	必备知识和技能	礼仪礼节
环保实践组		
环保宣传组		
变废为宝组		
讲解指导组		
......		

学生各抒己见，合作学习，训练技能，做好相应的准备。

教师小结：同学们，我们要注意志愿服务过程中，语言得体，表达准确，微笑问答，举止文明，及时向居民提供相关准确信息，积极进行互动交流，有礼貌地制止垃圾不分类行为。

5. 开展服务

同学们在教师的带领下，分小组到校园周边和附近社区，用实际行动为建设良好的社区环境做出贡献。

服务开始前，教师温馨提示：

（1）活动前与活动地的负责人做好联系。

（2）准备好合适的工具。

（3）请家长配合做好指导。

（4）志愿服务过程安排在同一时间段，分小组、分头同步进行，大家量力而行，展示形象，结伴合作，注意安全。

（5）要运用多种形式保留活动过程性的资料，及时记下实践的过程和感受。

（6）教师也要参与活动，并根据活动的实际情况，随时调整活动方案，根据学生的优势、特长来灵活安排。

6. 分享与反思

教师：志愿服务是一个长期的实践过程，大家要经历实践——反思——再次实践的过程。同学们在这次环保志愿者服务中有哪些收获？如对环保有了哪些新的认识？对于解决垃圾分类回收有了什么新见解？在服务的过程中遇到了什么问题、困难？如何解决的？下次服务有哪些地方可以改进？下面，请大家展示分享志愿服务的收获吧！

1. 我们小组的志愿服务是：

   _____

   _____

2. 我们小组获得的经验是：

   _____

   _____

3. 活动中最难忘的是：

   _____

   _____

4. 下次服务我们可以这样改进：

   _____

   _____

各组上台展示交流，展示内容可以是活动照片、活动体会、环卫宣传海报、活动实践报告、微视频等，展示方法可以是视频回放、活动展板、现场解说等。

（三）总结评价

教师：活动中哪些同学表现优秀值得学习？哪个小组服务效果最好？大家根据服务的实际情况，大胆地评价一下自己和别人在活动中的表现吧！

评价内容	自评	互评	服务对象评	老师评
主动提出活动设想、建议				
增强环保意识，熟练掌握垃圾分类				
主动实践、宣传，举止文明，表达准确				
积极克服各种困难，受到好评				
主动与服务对象沟通交流				
……				

学生评价：

自评：反思自己在志愿服务中的收获及表现。

互评：小组成员在志愿服务中的表现、成果、汇报效果。

教师：老师也来评一评各小组的表现及志愿服务的优缺点。今天，我们还要评选志愿服务标兵、志愿者最佳团队，花落谁家呢？请大家评一评。

教师提醒各小组认真保存志愿服务的过程性材料，建立活动成长档案，留下同学们成长的足迹。

（四）课后拓展

教师总结：根据我们总结的经验，志愿服务可以在内容和形式上改进，我们再重新回到志愿服务岗位上，服务小组的成员也可以进行岗位轮换，相信新一次的服务一定会有更大的进步。

教师组织学生收集整理志愿服务活动过程中的计划表、照片、宣传单、活动日记、活动总结、活动评价及各类表格等过程性材料，作为志愿服务成果专集，在学校、班级橱窗内展示。

课后拓展资料：

1.志愿服务

志愿服务是社会文明进步的重要标志，志愿服务的精神是奉献、友爱、互助、进步。志愿者指在自身条件许可且不谋求任何物质、金钱及相关利益回报的前提下，合理运用社会现有的资源，服务于社会公益事业，为帮助有一定需要的人士，开展力所能及的、切合实际的，具有一定专业性、技能性、长

期性服务的人。志愿者可因服务内容的不同，分为消防志愿者、抗震救灾志愿者、奥运志愿者、社区志愿者、环保志愿者、网络志愿者、场馆志愿者等。

2.做一名合格的志愿者

要成为一名合格的志愿者，必须具有一些基本的志愿者素养。志愿者素养要求是：

志愿者必须有乐观向上的生活态度。一个乐观向上的人才能有正常的心态去帮助别人，才能体会到"送人玫瑰，手留余香"的快乐。

志愿者必须是一个诚实守信的人。志愿者在志愿服务工作中必须诚实守信，否则无论对服务对象，对志愿者组织，对同伴都是一种不尊重。

志愿者必须有大局观和团队精神。团队精神的核心是协同合作，最高境界是全体成员的向心力、凝聚力。志愿者一般参加的都是有组织的公益活动，说话处事必须胸中有大局、心中有他人。意气用事、逞一时口舌之快、罔顾团队的人不是一个合格的志愿者。

志愿者必须尊重他人。志愿者走进一个志愿者的集体，就像一滴水汇入大海一样。只有这样才不至于干涸，才能永远保持活力。在志愿者的集体中，任何人都需要尊重周围的同伴。像对待自己的兄弟姐妹一样，以最亲近的平等的态度对待集体中的任何人。志愿者应该尊重组织尊重同伴，尊重服务对象的人格，尊重服务对象的隐私权。

志愿者必须有包容和团结精神。志愿者应该善于聆听，善于沟通，善于听取不同意见，心胸豁达开阔，有协作意识和团结精神。

志愿者必须守时守纪。志愿者要积极地参加志愿者集体的活动，特别是不要迟到早退，更不应该随意缺席。有事还是要事先请假，让组织者有一个准备。绝不能因为个人原因浪费一个团队的宝贵时间。在与人交谈中，不要随意地插话，随意地打断他人的发言和讲话，应该学会倾听他人的意见。

志愿者须具备一些基本的文明礼仪：①着装整洁。着装应注意干净清洁，衣服的款式要尽量合身，领口开得太低，太紧身的衣服应该尽量避免。在公共场合应注意，内衣不能外露更不能外穿。②交谈文明有礼。不使用粗话、脏话、黑话、气话，要说文明语言。交谈中要经常使用的礼貌用语是"您好""请""谢谢""对不起""再见"。在交谈中，语言必须准确，包括发音标准、清晰，音量要适中，语速要适度，口气要谦和，讲话的口气一定要平等待人，不要随便教训、指责别人。交谈中还要注意"四有四避"，即有分寸、有礼节、有教养、有学识，要避隐私、避浅薄、避粗鄙、避忌讳。交谈时要神态专注，要用词委婉，礼让对方。在交谈中，应该注视对方的双眉到鼻尖的三角区域内，听话者要表现得神态专注，是对说话者的尊重。

③保证个人良好的仪容卫生。头发要勤于梳洗，发型发式应该朴素美观，佩戴的发卡、发带式样应该庄重大方。衣服保持整洁，特别是衣领袖口要干净。志愿服务前忌吃有异味的食物。总之，要成为一名合格的志愿者，以上的这些基本素养是必备的，这些素养的形成不是一朝一夕，是经过长期的实践活动慢慢养成的，作为一名志愿者，须将志愿服务的意识贯彻于行动当中，为他人服务，为祖国服务，将志愿精神发扬光大。

3．"垃圾分类，从我做起"倡议书

范文：

垃圾分类是生活中的小事，却是生态文明建设的大事，是功在当代，利在千秋，是造福子孙后代的崇高事业。实施生活垃圾分类，倡导资源循环利用，发展循环经济，缓解环境资源压力、改善人居环境，助力美丽中国建设。为此我们倡议：

一、利用资源变废为宝

1. 在家中将生活垃圾分为可回收物、厨余垃圾、有害垃圾、其他垃圾四类，并分别放置。

2. 有害垃圾投放到小区集中点进行统一收集。

3. 把废弃物中有回收价值的纸类、塑料类、玻璃类、金属类、织物类以及电器类分离出来单独存放，可回收物直接变卖给废品回收企业或放入小区设置的可回收物垃圾桶。

4. 在家中厨房放置厨余垃圾桶，将家庭产生的厨余垃圾投入其中，然后将其放入小区设置的厨余垃圾桶。

5. 除以上之外，家庭产生的垃圾应归为其他垃圾，并采用单独的垃圾桶存放，然后将其放入小区设置的其他垃圾桶。

二、垃圾减量，减少污染

1.工作中纸张双面书写、双面打印，使用再生产品，尽量运用互联网、局域网进行电子无纸化办公；尽量少使用一次性纸杯。

2.在外就餐要适量点餐，合理搭配；剩菜要打包带走，减少浪费、使用可重复使用的餐具，尽量不使用一次性餐品和纸巾等；食用自助餐时要按需自取，避免食物浪费。

我们倡导的口号是：垃圾分类，低碳生活，从我做起。为更好地保护我们赖以生存的地球环境，为了我们的子孙后代，为了我们美丽的家园，让我们立即行动起来吧！从正确分类、投放、处理垃圾开始，努力让我们的城市更加清洁美丽，让我们的生活过得更加幸福美好。

学校　班级环卫志愿者团队（宣）
年　　月　　日

十、板书设计

做环保志愿者

制订计划
- 服务时间
- 内容准备
- 任务分工
- 活动步骤
- 问题解决
- 注意事项

十一、参考资料

[1]《垃圾分类行动倡议书》,杭州市机关党建网,http://szjggw.hangzhou.gov.cn/art/2018/7/2/art_811802_19028502.html.

[2]《成为一名志愿者必须具备的素质要求》,阳城县红十字志愿者,https://mp.weixin.qq.com/s/KT-UE5lKDzjwnb7MiJLt3g.

[3]《志愿者(义工)常识》,青松c的博客,http://blog.sina.com.cn/s/blog_4c8a92070102v3tg.html.